“感動”を伝える仕事

エンタテインメントを支える
特殊効果の世界

小峰 聖
酸京クラウド代表取締役

ビジネス社

はじめに

お客様に感動を伝える仕事で50年

ステージ上でスモークを焚くなどの〝特殊効果〟による演出は、テレビの歌番組の隆盛とともに需要が高まり、いまでは舞台やコンサート、イベント、スポーツの祭典など、必要とされる場面が広がっています。

日本の特殊効果の黎明期を牽引したといっても過言ではない父・小峰邦男は、あれこれ試行錯誤を繰り返しながら開発した機材で、雪や雲、滝など、さまざまな演出効果を生み出していきました。私には寡黙な職人に見えましたが、人様を喜ばせることが、本当に好きだったようです。

そんな父の職業に、初めはなんの興味もなかった私ですが、いつしか舞台上でのタイミングを見計らい、一瞬を逃がさずに特殊効果をしかけてお客様を喜ばせることに、無上の喜びを感じるようになりました。

父・邦男が創業し、私がその遺志を継いだ酸京クラウドは、2020年に創業50周年を迎えました。私が代表取締役に就任して17年になります。ここまで息をつく暇もなく、ただひたすら走り続けてきたように思います。

経営者としてはまだまだ至らない点も多く、どうすれば会社も業務も、もっとより良いものにできるのかと、日々思案しています。こんな未熟な私についてきてくれている社員のみんなには、いつも心の底で感謝をしています。

今回、本を出さないかというお話をいただいたとき、私などが何を書くのだろうかと迷いました。しかし、父の代からの酸京クラウドの歴史、そして、私なりの努力の軌跡をまとめておくのも無駄ではないかもしれないと考え直しました。

本書がひとりでも多くの皆様に、特殊効果の世界を知っていただくきっかけになれば幸いです。

そしてまた、私の心の支えである、愛する息子・知也が、いつか本書を読んでくれることを願っています。

酸京クラウドが今日までやってこられたのは、ひとえにクライアントの皆様のおかげです。この場をお借りして、衷心より御礼を申し上げます。皆様の演出への想いを受けとめ、これからも精進してまいります。

2020年1月

酸京クラウド　代表取締役　小峰聖

はじめに　お客様に感動を伝える仕事で50年……2

第1章　特殊効果とわが社の歴史

世界歌謡祭での唐突な依頼から始まる……12
人呼んで「ドライアイスの男」……18
ニッチビジネスで独立を果たした父……27
大成功を収めた日本語版『美女と野獣』……35
「人を喜ばせる仕事」は素晴らしい……43
ふつうの業界にあるべきものがなかった特殊効果業界……47
因縁を感じる『美女と野獣』の再演……54
あまりにも突然だった父の死……59
葬儀場での忘れられない出来事……62

窮地に立たされた風船事件の顚末 …… 65
新しい顧客をどうやって開拓するか …… 70
仏スペクタクルアート劇団「ラ・マシン」の苦境を救う …… 75
日本語版『アラジン』はどうやって実現したか …… 81
『アラジン』は劇団四季の新しい幕開けを告げる作品 …… 85
修羅場を乗り越え迎えた〝奇跡〟のオープニング …… 88

第2章 エンタテインメントができるまで

エンタテインメント・ビジネスは今後も伸びていく …… 94
劇団四季は日本で唯一の独立エンタテインメント企業 …… 99
『アラジン』に対する劇団四季の情熱と矜持 …… 102

『アラジン』上演許可のため
舞台監督が通い詰めた芝消防署 …… 105
特殊効果が劇場入りするタイミング …… 109
スポーツ選手の登場シーンを大きく変えたスパークラー …… 112
舞台が幕を開けるまでの段取り …… 118
ステージに降らせる雪にもさまざまな種類がある …… 124
孫やひ孫から舞い込む仕事もある …… 127
子どもたちの憧れ　ヒーローショーができるまで …… 130
「何も決まっていない現場」はお断り …… 133

第3章 特殊効果という仕事

「長い待ち時間」は特殊効果業の宿命なのか …… 140
「顧客満足が高い」にはレベルがある …… 145

特殊効果をもっと多くの人に身近に感じてもらいたい……151
舞台関係には女性の志望者が急増
求人アクセスの9割を占める……154
マクロビオティックの社員食堂の開設……158
社員には家族の分も「お年玉」……160
「記憶」よりも「記録」を重視……164
なぜいまさら「社員手帳」をつくるのか……168
クライアントに特殊効果を提案するために……171

第4章

エンタの本場！ブロードウェイ視察

5年ぶりのニューヨークと　42年ぶりの大停電……176

ブロードウェイで念願の『アナと雪の女王』を初観劇……180
『アラジン』の優れたエンタテインメント性を再認識……183
TKTSに見るブロードウェイの厳しい現実……187
大ヒット中の『リトルマーメイド』……189
素晴らしかった『ハリー・ポッター』……192

あとがき

なぜビル・ゲイツを尊敬するのか？……196

第1章

特殊効果とわが社の歴史

世界歌謡祭での唐突な依頼から始まる

「特殊効果（スペシャル・エフェクト）」とは大づかみにいえば、舞台やコンサートなどのイベント、テレビ番組などでその場を盛り上げるために行うアトラクティブな〝演出〟のことである。

昭和30年代後半、日本の特殊効果には2つの〝源流〟があった。

ひとつは、まだすべての家庭にテレビが置かれていなかった時代、ゴジラなど白黒映画の世界で破壊シーン、戦闘シーンなどに火薬による特殊効果が導入され、人気を呼んだ。

もうひとつは、劇場やテレビなどのスター登場の演出で用いられた手動式炭酸ガス噴射、ドライアイスマシンにより沸き立たせる幻想的なスモーク（煙）、そしていまでは当たり前のようにイベントの空間演出で使われているキャノン砲などに代表される演出機材の導入であった。

1977（昭和52）年10月下旬、東京都大田区に拠点をもつ小さなガスボンベ販売店宛に電話があった。ふだんから世話になっている大手消火器メーカーの担当者からで、唐突このうえない依頼が舞い込んできたのである。電話の相手はこう切り出した。

「ヤマハ音楽振興協会が主催している『世界歌謡祭』を知っているよね？」

「ええ、まあ」

『世界歌謡祭』のプログラム。写真は18回目（1987年）年のもの。

世界歌謡祭とは1970（昭和45）年から89（平成元）年まで毎年、日本武道館で世界中のアーティストを招いて開催されていたビッグイベント。日本勢では上條恒彦と六文銭の「出発《たびだち》の歌」、小坂明子の「あなた」、中島みゆきの「時代」などが歴代グランプリに輝いている。

「それで今年も11月に開催するのだけれど、今回の目玉といわれるアメリカのロックバンド、オインゴ・ボインゴがステージに登場するときに派手な演出がしたいとヤマハ側に要請してきたそうだ。困り果てたヤマハからうちに連絡があって、『おたくなら炭酸ガス（二酸化炭素ガス）消火器を扱っているから、消火器から噴き出すみたいに、白い煙をプシュッと出せないかな。お願いします』と無理なことを言われてしまった。知ってのとおりヤマハさんはうちの上得意。しぶしぶ承諾したものの、うちではそんな芸当はできないから、ガスの専門家のあなたにお願いしたいんだ。ねえ、引き受けてくれないか、頼むよ」

朝7時に会場の日本武道館に来て、いつ解放されるのかは不明といった無茶なスケジュールだったことから、その担当者はふだんから出入りしていたディーラーの男を思い出して丸投げしたのだった。

ふつうならこんな無茶振りには何か理由を付けて断るところなのに、その男は、これは面白そうだなと二つ返事で引き受けた。

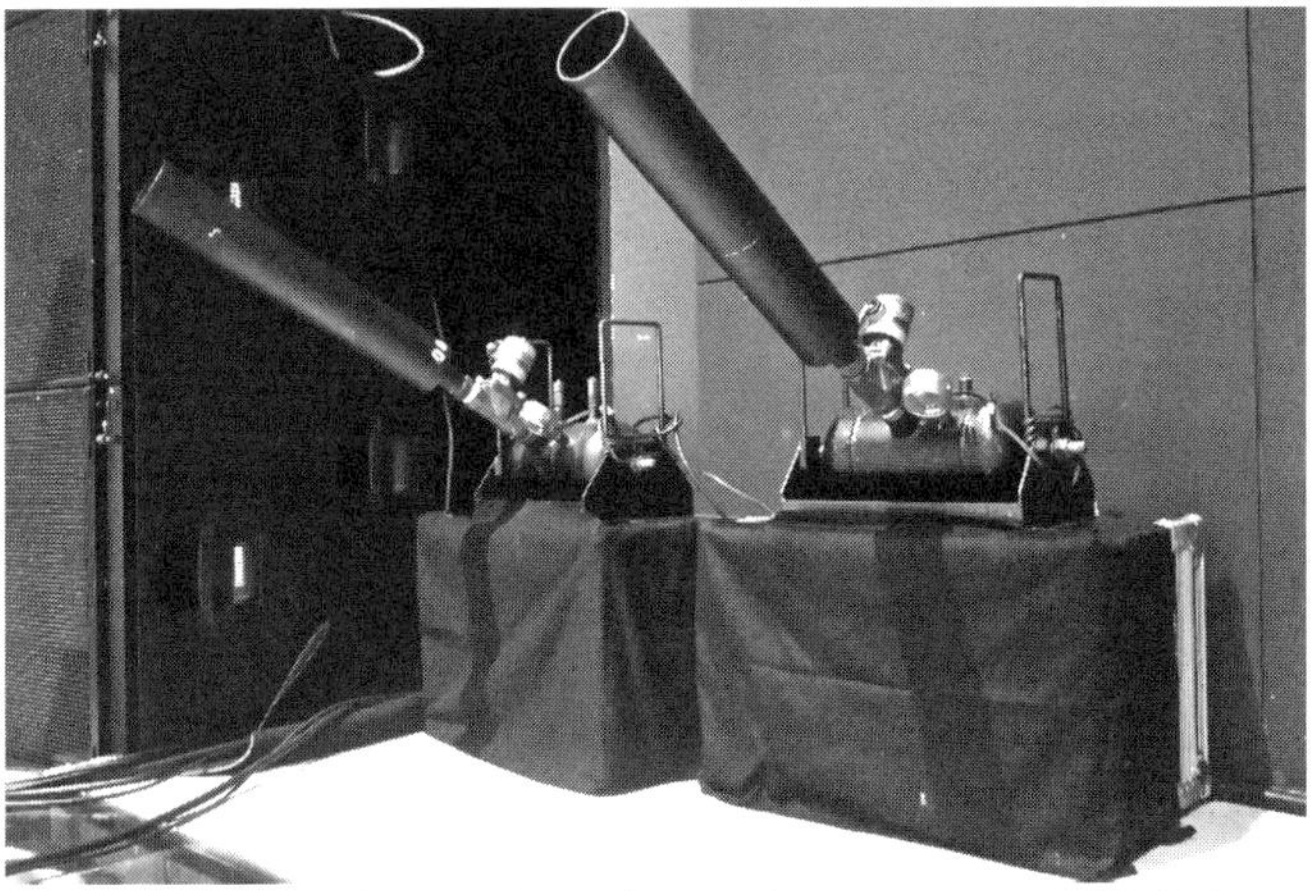

紙吹雪やテープを打ち上げる、特殊効果の元祖キャノン砲。開発したのは、父・小峰邦男である。

「わかりました。武道館に行って、手動で炭酸ガス噴射をやればいいんですね」

特殊効果の扉を開く

11月13日、第8回世界歌謡祭の本番で、男はつつがなく自分の役目をこなした。いまにしてみればあまりに〝原始的〟な演出であった。

ホースラッパを取り付けた消火器の安全ピンを抜き、ハンドルコックを握ると炭酸ガスが噴射される。その冷たい炭酸ガスのおかげで空気中の水分が凍って、白い煙のように見える。たったそれだけの仕組みである。

にもかかわらず、武道館内は驚くほどの盛り上がりを見せた。

「ああ、こんなことが商売になるんだ。ボンベを握って操作するだけで、人を喜ばすことができるのか」

そう肌で感じた男はその後、特殊効果の世界に身を投じた。ドライアイスマシン、シャボン玉マシン、炭酸ガスの圧力を利用し、さまざまな飛ばしネタを放つキャノン砲などを日本で最初に開発、実用化に導き、イベント演出の〝ベンチマーク〟にしたその男こそ、私の父、小峰邦男であった。

のちにこの炭酸ガス噴射で白煙を出す演出は、テレビや舞台における特殊効果の定番になっていった。たとえば、「笑っていいとも！」の罰ゲームとか、さまざまな大会の優勝者紹介とか、「仮面ライダー」イベントの登場シーンなどで頻繁に使われるようになったのである。

この世界歌謡祭での仕事が父に幸運をもたらした。

その頃はヤマハの社員で、現在は中島みゆきさんのプロデューサーをされている方と出会い、のちに彼女のコンサートの特殊効果を担当するようになったのである。まだ昭和の時代の話だ。

ちなみにこの年、世界歌謡祭のグランプリに選ばれた1曲は世良公則&ツイストの「あんたのバラード」であった。

人呼んで「ドライアイスの男」

父は、当時一世を風靡した昭和のグラフ誌『アサヒグラフ』（1981〈昭和56〉年4月10日号）に載ったことがある。タイトルは「ステージのムードづくりに一役かったガス屋さん……ドライアイスの男 小峰邦男さん」。自身が開発、実用化にこぎつけたドライアイスマシンを颯爽と操る父が映っている。

せっかくだから記事のさわりを紹介しよう。

……歌番組はムードが大切。歌なんか少しぐらいへたくそでも、見せちゃうことができるのだ。

舞台装置が重要である。

そのための、あの手この手のひとつに「煙」がある。ステージいっぱいに沸き立つ煙――まるで雲の上で歌っているような感じ。ファンタスチックなムードになる。へたな歌でも上手に見える。文字通り視聴者を煙に巻く（？）わけだ。

この煙、スモークといったほうがムードがあるので、スモークというようだが、原料はご存じの通りドライアイスである。

機械はいたって単純。四角いステンレスの箱から2、3本のホースがのびているだけ。箱の中には電気ヒーターであたためた摂氏80度から100度の熱湯がはいっていて、そこにザルにのせたドライアイスをぶちこむと、スモークがホースから噴き出てくる仕掛けである。ザルのあげさげで排出するスモークの分量を調節できる。

いま、各テレビ局で使われているこの機械「ドライアイス・マシーン」をつくったのが小峰邦男さん。本職はガス屋さんである。このマシーンのおかげで、テレビ局で使用するドライアイス納入を一手に引き受けることになり、本職の業績をぐーんと伸

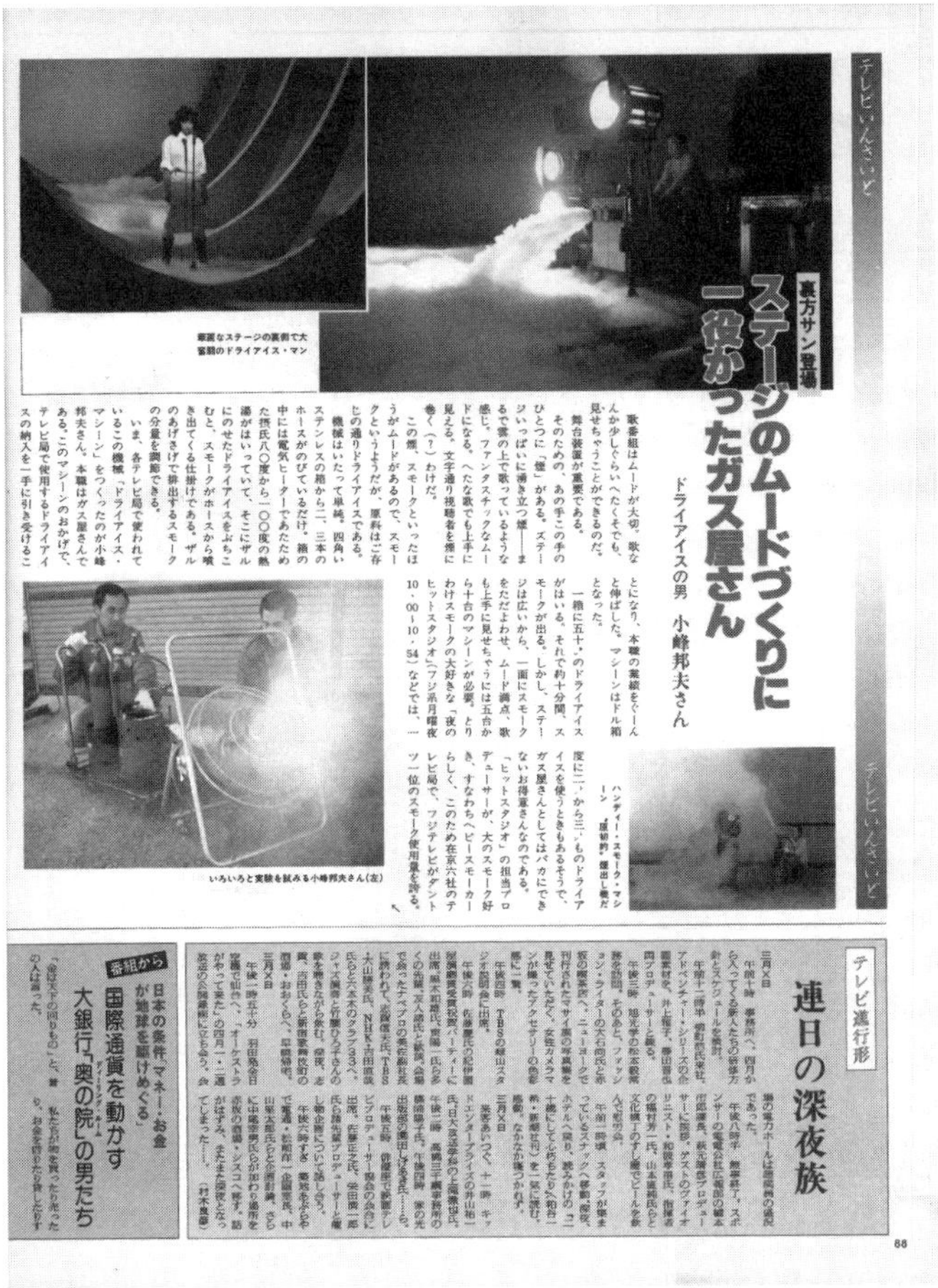

テレビいんさいど

裏方サン登場

ステージのムードづくりに一役かったガス屋さん

ドライアイスの男　小峰邦夫さん

華麗なステージの裏側で大奮闘のドライアイス・マン

歌番組はムードが大切。歌なんか少しぐらいへたくそでも、見せちゃうことができるのだ。

舞台装置が重要である。

そのための、あの手この手のひとつに「煙」がある。ステージいっぱいに湧き立つ煙――まるで雲の上で歌っているような感じ。ファンタスチックなムードになる。へたな歌でも上手に見える。文字通り視聴者を煙に巻く（？）わけだ。

この煙、スモークといったほうがムードがあるので、スモークというようだが、原料はご存じの通りドライアイスである。

機械はいたって単純。四角いステンレスの箱から二、三本のホースがのびているだけ。箱の中には電気ヒーターであたためた摂氏八〇度から一〇〇度の熱湯がはいっていて、そこにザルにのせたドライアイスをぶちこむと、スモークがホースから噴き出てくる仕掛けである。ザルのあげさげで排出するスモークの分量を調節できる。

いま、各テレビ局で使われているこの機械「ドライアイス・マシーン」をつくったのが小峰邦夫さん。本職はガス屋さんである。このマシーンのおかげで、テレビ局で使用するドライアイスの納入を一手に引き受けることになり、本職の業績をぐーんと伸ばした。マシーンはドル箱となった。

一箱に五十㌔のドライアイスがはいる。それで約十分間、スモークが出る。しかし、ステージは広いから、一面にスモークをただよわせ、ムード満点、歌も上手に見せちゃうには五台から十台のマシーンが必要。とりわけスモークの大好きな「夜のヒットスタジオ」（フジ系月曜夜10・00～10・54）などでは、一度に二〇〇㌔から三〇〇㌔ものドライアイスを使うときもあるそうで、ガス屋さんとしてはバカにできないお得意さんなのである。

「ヒットスタジオ」の担当プロデューサーが、大のスモーク好き、すなわちヘビースモーカーらしく、このため在京六社のテレビ局で、フジテレビがダントツ一位のスモーク使用量を誇る。

いろいろと実験を試みる小峰邦夫さん（左）

ハンディー・スモーク・マシーン "原初的" 煙出し機だ

テレビ進行形

連日の深夜族

番組から

日本の条件「マネー・お金が地球を駆けめぐる」国際通貨を動かす大銀行「奥の院」の男たち

88

『アサヒグラフ』に載った父・邦男の記事。歌謡曲の全盛期、特殊効果は歌番組の演出に欠かせない存在だった。

ばした。マシーンはドル箱となった。

1箱に50キロのドライアイスがはいる。それで約10分間、スモークが出る。しかし、ステージは広いから、一面にスモークをただよわせ、ムード満点、歌も上手に見せちゃうには4台以上のマシーンが必要。とりわけスモークの大好きな「夜のヒットスタジオ」（フジ系月曜夜10：00～10：54）などでは、一度に2トンから3トンものドライアイスを使うときもあったそうで、ガス屋さんとしてはバカにできないお得意さんなのである。

「ヒットスタジオ」の担当プロデューサーが、大のスモーク好き、すなわちヘビースモーカーらしく、このため在京6社のテレビ局でダントツ一位のスモーク量を誇る。小峰さんにとって、フジは日本一の局である。

「ヒットスタジオのディレクターの結婚式でも、スモーク一発噴き出させ、赤字覚悟の大サービスしちゃった」くらいのものだ。

以下、テレビ朝日、日本テレビ、TBS、12チャンネル、NHKの順になる。

「NHKはシブイなァ」

とはいうものの、ＮＨＫこそ小峰さんにとって〝恩人〟なのである……

先に記した世界歌謡祭で炭酸ガス噴射の仕事を受けたのとほぼ同時期、父はＮＨＫホールで開かれた八代亜紀のワンマンコンサートに、ＮＨＫホールの担当から「炭酸ガスの消火器４本を持ってきてほしい」と頼まれた。

消火器を持って駆け付けた父は「現場も手伝ってほしい」とせがまれ、自分が世界歌謡祭で行ったことをそっくり再現してみせた。そのとき父のなかに、あの武道館の現場で感じた圧倒的な熱気と手応えが甦ってきた。

そうした実績が評判になったのか、ＮＨＫ紅白歌合戦の現場にもかり出されるようになった。

余談になるが、最近、老いた母からこんな話を聞かされた。

「私ね、紅白歌合戦の日、渋谷のＮＨＫホールに行って、リハーサルを舞台の袖から見ていたの。それで夜の本番を家のテレビで見ていたら、歌手の人たちがリハーサルとは全然ちがう服で歌っていたので笑っちゃったわ、アハハ」

それはたぶん1976（昭和51）年前後、私は小学校に上がる前あたりだったけれど、そういわれてみれば、私もNHKのなかの机がいっぱい並んだ場所に連れていかれたことをうっすらと覚えている。

オリジナルの機材をつくった発明家の父

「よしっ、どこにも負けないドライアイスマシンをつくってやろう」

それから父の奮闘の日々が始まった。

炭酸ガスを使っての特殊効果。アイデア自体は誰でも出せたのだろうが、当時、それを実用化できる技術を備えた人材がいなかった。父は進取の気性に富んでいたのだろう。

紆余曲折の末、半年後に雲をつくる「ドライアイスマシン」を完成させた。飽きられたら一貫のおしまいとばかりに、霧をつくる「コンセプト・スモークマシン」、雪をつくる「スノーマシン」、「シャボン玉マシン」、舞台演出の幅を広げる遠隔操作を

父は特殊効果の機材を次々に開発した。自宅の庭でドライアイスマシンの実験をしているところ。

可能にした「電磁弁式CO_2」など知恵を絞っては次々とユニークな特殊効果機材を世に送り出していった。

そして、液化炭酸ガスの勢いでさまざまな色テープや金箔、クモ糸などを空中に打ち放つ伝説の「キャノン砲」を実用化したのも父であった。いまでこそテープカット、結婚式などのセレモニーやコンサート、ミュージカル、お祭りなどのイベントで当たり前のように用いられるキャノン砲だが、当時の日本には特殊効果をそうしたイベントに導入するなどという発想はさらさらなかった。

このように父がつくった特殊効果の会社、酸京クラウドはきわめて革新的な存在で、同じ土俵に上がれる相手はいなかったと聞いている。なにせ当時の特殊効果業が行っていた演出は雨降らしとか、風を吹かせるくらいで、そう多くの種類はなかったからである。

おおげさかもしれないが、たとえていえば、父は冷蔵庫がない時代に冷蔵庫の開発を考えた人だったのだと思う。

フジテレビやテレビ朝日の仕事を通じて知り合った同業者、東京特殊効果とはいまも友好関係が続いている。同社は「ミュージックステーション」をはじめ、「とんねるずのみなさんのおかげです」のシリーズ「仮面ノリダー」「オレたちひょうきん族」「HEY! HEY! HEY! MUSIC CHAMP」などを担当していた。

同業にもかかわらず、同社は父が開発したドライアイスマシンやキャノン砲を購入していただいた、酸京クラウドのお得意様でもある。

いまではテレビの仕事にお手伝いで入ることも減ったけれど、私が父の会社に入社した20年前は、毎週「ミュージックステーション」に社員がサポートに出向いていた。

理由はいたって簡単で、東京特殊効果がうちと同じ特殊効果機材を使っていたからである。

ニッチビジネスで独立を果たした父

特殊効果機材の開発には、特殊な素養が必要なのかといえば、そうでもなかったようだ。たしかに父自身は高圧ガスボンベを取り扱う免許を持っていたくらいで、特別な知識や技術を身につけていたわけではなかった。

父がもといた会社から独立して小さな商いを始めたとき、片腕になってくれた人が電気関係にとても詳しかったり、地元大田区の町工場に多くの知り合いがいたのはラッキーだった。

「こういうのをつくってくれないか。こういう工夫はできないだろうか」

父が考えついたアイデア、電気仕掛けの板金製のドライアイスマシン（消防申請の義務なし）や、二酸化炭酸ガスの圧力でさまざまな飛ばしネタを空中に発射する元祖キャノン砲の開発には、そうした人たちが協力してくれたのである。

もともと、私の母・和子の父親、つまり私の祖父が、古くから品川区東五反田で高圧ガスのディーラー会社を経営していた。母と結婚後、父はその高圧ガスの仕事を手伝っていたのだが、会社組織が性に合わなかったのか、そのうちに同じ事務所内に電話を1本引いて、事務机1台で、別の商売を始めた。いまふうにいえば社内ベンチャーだろうか。

高圧ガスのディーラーというのは、顧客に大型のボンベを貸し出して、ボンベのなかのガスを売るのが商売である。入れ物は自分の会社の持ち物で、その中身だけを販売して、また容器を回収するという、かなり特殊なビジネスモデルだ。しかも、ディーラー（高圧ガスの供給者）側は配達料金を顧客に請求しない慣習になっており、いまもそれが続いている非常に保守的な業界といっていい。

日本全国津浦々、高圧ガスボンベ屋でレンタルできるのはたいていは47リットル入り（高さ：1470ミリ×直径：230ミリ）のもの。けっこうな大きさで、しかも重量が53キロもあることから、まず女性では手こずる。

なぜ高圧ガスボンベはこんなに大きいのか？　それにはちゃんとした理由があって、盗難されにくいよう、わざわざ大きくしてあるわけだ。テロリストに盗まれたりしたら一大事なので、高圧ガスボンベを取り扱うディーラーはかなり厳重な管理を求められる。そのため、ボンベの肩のあたりに高圧ガス供給会社の社名とボンベ番号が打刻されている。

そうした厳格な高圧ガスボンベの業界

父は小型ボンベ容器のリースを始めた。小型で軽量のため、扱いやすい。

父を見習って、私が始めたハーフサイズ（大型の半分）のボンベ容器。

で、父が始めたのは「各種高圧ガスの小型ボンベ容器の無料レンタルと高圧ガスの供給」であった。いわゆるニッチビジネスだったが、それなりのニーズはあった。

最大のお得意様は大田区、品川区に多いプラスチック成形の会社だった。小瓶が必要という顧客にまず最初に容器（ボンベ）の権利を買ってもらい、空になったら回収、高圧ガスを再充塡して届けるのだ。高圧ガスボンベは所有者に管理責任があると法律に定められていることから、こういうビジネスモデルにするしかなかった。ボンベが小型になった分、盗難リスクも高まるわけだから……。

このニッチビジネスがうまく回り出すと父は独立を果たした。屋号は京葉商会、社員は1人。1970（昭和45）年2月、父が24歳のときであった。ちなみに私が生まれたのが同年6月。74（昭和49）年4月には新たに「有限会社酸京」を設立した。

有限会社酸京では本格的にガス屋を始めた。いまも付き合いのある税理士事務所の紹介から道がひらけ、新幹線の線路を圧接する会社、ガスタンクの検査専門会社、下水道の土木建築関連会社などに、代納を使わず、自前のトラックでボンベを供給した。

生まれたばかりの私
を見守る父・邦男。

私を抱いて笑顔
を見せる母・和子。

わが世の春転じて失意の日々へ

特殊効果が次第にテレビ局、芸能プロダクション、映画会社、舞台制作会社などに認知されるようになると、父は有限会社酸京の特殊効果部門を分社化し、「有限会社酸京クラウド」（以下酸京クラウド）を設立した。1978（昭和53）年6月のことだ。

酸京クラウドの売り上げは順調に伸びて、80年代に入ってからもぐんぐん上がっていった。手掛けるアーチスト、人気グループも増えてきて、サザンオールスターズやB'z、さらにモー娘。、2000年代に入るとAKB48までに急拡大した。あとから考えれば父が「わが世の春」を謳歌した時期であった。

しかし、あるときを境に異変が生じた。右肩上がりの上昇ラインが数年おきにガクンと落ち込むのである。父は顧問税理士にはっきりとこう告げられた。

「小峰さんのところ、社員が辞めていくと売り上げが落ちるね」

原因は明白であった。酸京クラウドの社員は著名アーティストや人気グループの専属のようになって全国のコンサートツアーについて回っていた。その結果、独立して、仕事を〝直〟で請け負うようになる社員が後を絶たなかったのだ。80年代後半から90年以降、平成の世になってからは、クライアントを連れて、仕入先を連れて、さらには酸京クラウドの社員を連れて出ていった強者もいた。

特殊効果の世界も、弁護士や税理士など士業の世界にもあるように、自分が手中に収めた果実を〝横取り〟して独立する者が多かった。

そのときは父も愕然としていた様子だった。舞台やアイスショーなど新たなクライアントを得て奮戦していたので、持ち直す時期もあったけれど、痛手はあまりにも大きかった。

そうして散々社員が出ていったので、父自身、商売上、もう何をやっていいのかわからなくなっていたようだったことを、私はいまでも覚えている。父にとって失意の日々が続いた。

私が酸京クラウドに入社したのは、まさかと思った親族の古参社員がクライアントの仕事を持って退社した直後のことであった。

いまにして思えば、寡黙で褒めベタ、職人気質の強い父と現場社員とのコミュニケーション不足が原因だったかもしれない。TBSの人気ドラマ「グランメゾン東京」のなかで、木村拓哉が主役を務めるシェフの世界のように、修行が厳しいために若手は「やってられないよ」と他の店に行ってしまう。当時の酸京クラウドの社員は、ああした感覚でスピンアウトしたのかもしれない。

大成功を収めた日本語版『美女と野獣』

ディズニー初の劇場ミュージカルとして制作された『美女と野獣』は1994（平成6）年から2007（平成19）年までブロードウェイで上演された。上演回数は約5500回、ブロードウェイ史上9番目のロングラン公演を記録した、間違いなく名作であった。

ディズニーは映画で成功し、世界中のディズニーリゾートで大成功を収めたものの、ブロードウェイミュージカルにだけは踏み出せていなかった。

そこをどうしてもブレイクスルーしたかったディズニーは、当時のジュリアーニ市長とタッグを組み、荒れ放題で壊滅的だったニューヨークのスラム街の再開発に取り組んだ。雑居ビルの割れた窓ガラスは犯罪の元凶になるからとすべてはめかえられ、薄汚れたスラム街を生き返らせようとした。

そしてある一画の建物をすべて取り壊して新たな劇場をつくり、こけら落としにぶつけたのが、当時のあらゆるテクノロジーを注ぎ込んでディズニーが制作したミュージカル『美女と野獣』であった。

翌95（平成7）年、その『美女と野獣』の日本語版を手掛けたのが劇団四季。すでに劇団四季は83年に『キャッツ』で日本演劇初のロングラン興業を成功させていたし、88（昭和63）年の『オペラ座の怪人』も大成功を収めていた（この2作品はディズニー物ではない）。

日本で日本人のために日本語でミュージカルを行うノウハウを備えていた劇団四季は、『美女と野獣』の上演権を買い取ったのである。

そのときに火薬とスモークを担当したのが、酸京クラウド社長、小峰邦男である。父は当時の劇団四季の高瀬洋氏とニューヨークに飛び、『美女と野獣』の特殊効果を研究してきた。花火については1回の芝居で17発も打っていた。

劇団四季が鳴り物入りで日本に持ってきた『美女と野獣』は大成功だった。

95年11月24日に赤坂ミュージカル劇場で開幕し、その3週間後の12月17日からは大阪のMBS劇場でダブル開幕、つまり、ダブルロングラン公演が始まるという前代未聞の事態になったので、酸京クラウド社内は久々にてんてこ舞いであった。

ちなみに劇団四季による日本語版『美女と野獣』は2014（平成26）年10月4日の公演をもって通算公演回数5000回を達成している。

その頃の私はコンピュータ・ソフトウエア制作会社のオムロン・ソフトウェアに勤めるサラリーマン。高校生や大学生の夏休みに、「他でバイトするならうちでやれ」と言われ、渋々手伝っていた特殊効果の業界に足を踏み入れたくはなかった。

お坊ちゃんでバカだった私はいつも斜に構えていた。特殊効果の仕事を見下していたのかもしれない。端から見れば、さぞかし仲の良くない父子に見えたと思う。そのくせ、親のスネだけは盛大にかじっているのだから、甘いものだ。

「聖、これだけは観ておけ」と父にきつく言われたため、『美女と野獣』の開幕前、

1995年に開幕した劇団四季の『美女と野獣』は、東京・赤坂のミュージカル劇場と、大阪MBS劇場で同時にロングラン公演を行った。その当時の宣伝資料。

本番同様に舞台上で行う最終リハーサル、いわゆるゲネプロを赤坂まで観に行った。そこで舞台で動く城や火薬の迫力を目の当たりにし、これはすごいな、どういう仕掛けでやっているのかと思ったことを覚えている。

火薬のスイッチ押しのアルバイト

私が特殊効果の道に進んだのは、幼い頃から父の姿を見ていたからではない。高校時代の夏休みに会社を手伝ったこともあるのだが、そのとき私は「この仕事はしたくない」と心に決めていた。いまにして思えば、父への妙な〝対抗心〟を持っていたのだろう。それで、大学では自分の好きな数学を専攻し、コンピュータソフト制作会社に就職した。

1997（平成9）年、当時の私はふてくされていた。新卒でオムロン・ソフトウエアという会社に入った私は3年で自主退社、フリーのプログラマーになろうとした。けれども実際には親のすねかじりのような状況だった。いま振り返ってみれば、体《てい》の

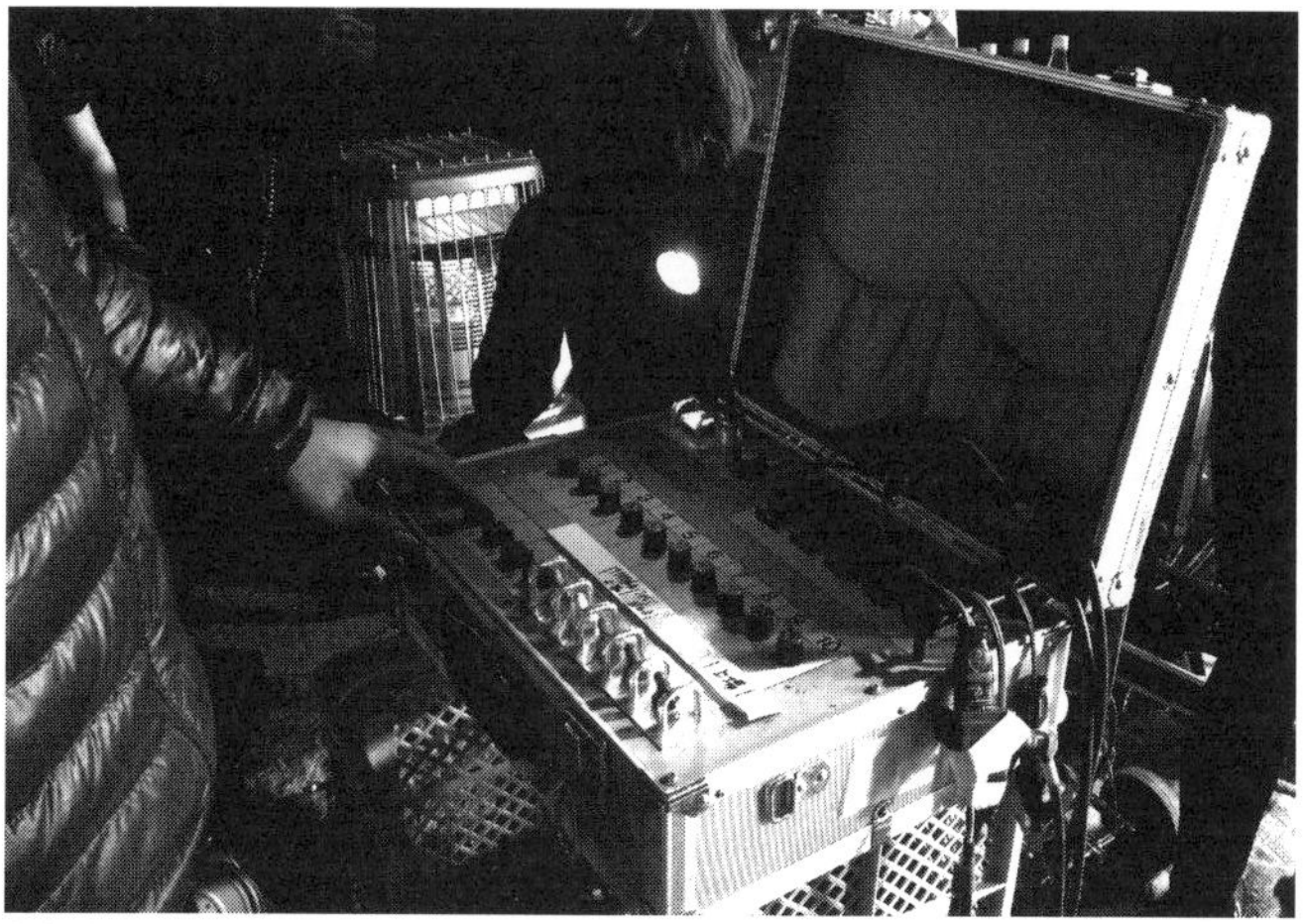

舞台裏での火薬の操作は、完全に機械制御。タイミングよくスイッチを押さなければならない。

いいニート生活のようなものだったかもしれない。

その一方、私のなかでは、父の仕事を継ぐ継がないは別として、自分は商売人の息子であることを意識していた。

当時、酸京クラウドは人手不足をきわめていた。そんなとき、「手伝ってよ」と母親に泣きつかれたのだ。

「聖、人がいないの。お父さんを助けてあげて」

親父、自分でオレに頼めばいいのに、昔の人だから言えないんだ。私は母にこう答えた。

「誰もいないならしょうがない」

私は東京都港区赤坂の赤坂ミュージカル劇場で、『美女と野獣』の火薬演出のスイッチ押しのアルバイトを始めた。

それが1997年の6月のことだった。このバイトはカネになるからやっているだけで、『美女と野獣』がはねたらもうサヨナラだと決めていた。斜にかまえていたので、酸京クラウドには顔を出さず、直接赤坂の劇場に行き、火薬は劇場に送らせていた。

もっとも、表面上はやる気のなさを漂わせていたが、失敗は許されない世界。実は、私は他セクションの連中より1時間も早く劇場入りし、その日に使用する17発の火薬の通電チェックを入念に行っていた。本番のスイッチ押しとは一味ちがう緊張感と責任感で、身が引き締まる時間帯であった。

本番のスイッチ押しでもっとも緊張感があったのは、「ビー アワ ゲスト（おもてなし）」（原題「Be Our Guest」）という曲のところだ。「お腹がすいた」と言うベルに、お皿やポットたちが食事を用意してあげるシーンで、たくさんの登場人物が舞台上に出てきて歌い躍る。

クライマックスで4本のシャンパンからドラゴン花火（商品名はジャーブ）が勢いよく吹き上がるのだが、私はそのスイッチを押すタイミングに、命を懸けていた。この華やかなシーンが大好きだった。

翌年3月末、東京公演が終了した。私は『美女と野獣』の千秋楽まで携わったことになる。いま思えば、そこまでやり通せたのは、自分にとってすごく大事なことだった。それを当時の私はまったく意識していなかったが。

「人を喜ばせる仕事」は素晴らしい

1998（平成10）年3月末、『美女と野獣』のロングラン公演が終わった。

自分は頼まれたことはすべて終えたからと、品川区荏原の家に帰ってきて5日間ばかり、本来のニート生活に戻った。「アルバイト、辞めてやったぜ」ぐらいの心持ちだった。

毎日、溜めてあった映画のビデオを観て、ぼんやりと過ごした。だが、ふとしたときに、さまざまな感情が自分の頭のなかを駆け巡った。

そして、思い出したのは、『美女と野獣』のアルバイトを始めて半年ほど経った頃、スタッフが集まった飲み会での会話だった。それまで劇団四季の関係者とはプライベートな付き合いは一切していなかった。その日はたまたま若手だけのメンツだったので、気まぐれで参加する気になったのだ。

その赤坂の居酒屋で行われた飲み会には30人ほどが集まっていた。劇団四季の裏方ばかりの飲み会だったのだけれど、私以外は全員が四季の子会社の社員。男女比はほぼ半々。この時代の四季は外注が本当に少なく、外注は火薬担当の私のみであった。

つまり、私だけがよそ者ということで、まずは自己紹介に立った私はシラケた言葉を放った。

「ぼくは特効（特殊効果）の酸京クラウドから来ている小峰といいます。オープニングで魔女が投げる火の玉で美しいプリンスが野獣にぼんと変わりますよね。あんなのはスイッチを押せば誰でもできるんだけど、あれをやっているのがぼくです」

するとある女性が、「えっ、あなたがあの火薬をやっているんですか？」と大きな瞳を見開いて、まっすぐに私の顔を見つめながら聞いてきた。

「あの場面で、いつも大きな歓声が起きるんですよ！」

「本当ですか？」

彼女の言葉で、心にさざ波が広がった。

そうなんだ。私はそのとき初めて、舞台の向こうにお客さんがいることを強烈に実感した。自分は仕事場である舞台の上しか見ていなかったのだ。

父はガスボンベを握って、「こんな仕事で人が喜ぶんだと気づいた」と言っていたが、私は彼女の言葉で「火薬を使った演出が観客をそんなに喜ばせていた」ことに気づかされたのだ。

そして裏方を務める人たちとさまざまな話をし、舞台監督はじめ裏方の人間が、緞帳が上がったからには芝居を成功させ、緞帳が下りるまで全責任を背負い、命を懸けて守っていることを、いまさらながら知った。

彼女の言葉を思い出しながら、私のなかで、いままでとはまったく〝異質〟な心持ちが芽生えてきた。『美女と野獣』は千秋楽を迎えてしまったけれど、人を喜ばせる仕事がいかに素晴らしいものであるかを素直に認めている自分がいた。

自然に足が動き、階段を下りて、父のいる居間に入った。父の前で初めて頭を下げてこう言った。「いままでの自分は間違っていました。『美女と野獣』はもう終わってしまったのはわかっていますが、ぼくは特殊効果の仕事をやりたい。お父さんの会社で働かせてください」

父は静かに笑みを浮かべているだけだった。少し回り道をしたなと言いたかったのかもしれなかったが、私を許してくれた。

父の会社、酸京クラウドの社員になってから、前述したようにベテラン社員の退職が続き、そのたびにドル箱であったアイドルや大物アーティストの仕事が消滅した。その頃、メインで残っていたのは、父が担当していた3つのみという悲惨な状況に追い込まれていた。まさしく酸京クラウドは栄枯盛衰を地で行っていたわけである。

盃を交わすたびに父が愚痴っていたのを思い出す。

「聖が社員になってくれたのはラッキーだった。けれども、どうしていいかわからない」

ふつうの業界にあるべきものがなかった特殊効果業界

酸京クラウドに入社した私は、会社の体制のあまりの古さ、加えてないないづくしに唖然とした。うちの会社には、ふつうの会社（業界）ならば当然あるべき商品体系（ラインナップ）、カタログ、価格表などが何もなかったのである。

そんなことに気づいたのは、オムロン・ソフトウェアで曲がりなりにも3年働いて、一般的な社会常識を身につけた成果だったのかもしれない。

顧客から電話が来て、「ボンベを持ってきてください。次の現場はここですから」と言われ、トラックで現場に向かう。

別の日には、特殊効果の現場にひとりで行き、その会場に泡の雪を降らした。つつ

炭酸ガス噴射機は、スモークを打ち上げることができる。配置や本数の工夫で、さまざまな演出効果を狙える。

がなく仕事を終えると、現場のスタッフから声がかかった。

「酸京さん、お疲れ様です。ところで、酸京さんのところはキャノン砲もできるんですか？」

えーっと、オレの親父が開発したものだぞと思いながらも、「もちろん、やってます」と返す。

「それじゃあ、CO_2（液化炭酸ガス）噴射演出とかもできるの？」と聞かれたので、「できるどころか、それもキャノン砲もうちの社長（父）が日本で初めてつくったものですから」と答えると、相手が目を丸くしていた。

このようなちぐはぐした会話で肩透かしを食らう日々が続いた。でも、それも無理はない。商品体系、カタログ、価格表がないのだから。うちはこんな会社です、こんなこともやれますのでお任せください、とお客さんたちに知らせる営業ツールが必要だ。とにかくまずそれらを揃えることから始めようと決めた。

午後6時までは先輩社員にどんなに無視されようが、苛められようが、懸命に現場で仕事をした。以降は機材を分解したり、修理やメンテナンスをほぼ独学で学んだ。そして、帰宅後はパソコンで商品体系、カタログ、価格表の製作に没頭した。休みの日もほぼすべてこの作業に充てた。自分がやらなければという強い義務感と、パソコン作業が好きだったこともあった。

「出すぎた真似をするな」

古参の社員たちは昔かたぎの職人で、とっつきにくく、何かにつけて圧迫感を感じた。

入社して2年半が過ぎた頃、紙のカタログと価格表が完成した。酸京クラウドのホームページも同時期にアップできた。

酸京クラウドのカタログ。どの機材でどのような演出効果が得られるのか、わかりやすく整理されている。

このあたりで私のことを苛めていた浅野さんというベテラン社員が、「おお、聖がこんなのをつくったぞ」と喜んでくれ、ようやく少しだけ打ち解けるようになった。

紙のカタログと価格表は無料で配りまくった。トータルで3000冊以上を全国に配った。ここまでやれば必ずリアクションがあるだろうと、微かな自信が芽生えていたけれど、仕事は結果でしか認められない。

ある日、東宝から連絡が来た。大地真央主演の『風と共に去りぬ』、帝国劇場の2ヵ月ロングランの仕事が舞い込んできた。話を聞いてみると、舞台担当の人がうちのカタログを見て、「酸京クラウドっていう面白い会社があるよ」とプロデューサーに進言してくれて、うちを特殊効果で使うことに決まったのだという。

誰のコネも使わずに取ってきた初めての大きな受注。これはとても嬉しかった。

商品体系は酸京クラウドの〝憲法〟

商品体系もようやく完成した。これは私にいわせれば、酸京クラウドの〝憲法〟のようなものだ。酸京クラウドがクライアントに対して何を提供できる特殊効果会社であるのか、その商品群とサービスをすべてラインナップした。以下はその概略である。

①スモーク

：ドライアイスマシン、輸入スモークマシンなどの機材を使った演出。雲海をつくる、噴射する、モヤをつくる、に大別される。

②パイロ（煙火）：野外、屋内を問わず花火・火薬による演出。大半は事前に消防署への申請が必要。

③炭酸ガス：液化二酸化炭酸ガスを使った煙噴射の演出。ここがわが社の強みであり、原点のため、①とは分ける。

④キャノン砲：二酸化炭素ガスの圧力でテープや紙吹雪などを空中に発射する演出。

⑤雪：泡状の雪（泡なので冷たくない）の演出や、高圧ガスを使った冷たい雪の演出。大きなかき氷のような方式など。

⑥炎：カセットガス、プロパンガスなど可燃性ガスを使った炎の機材、フレームマシンによる演出。

⑦雨、霧、水：雨ふらしや霧（ミスト）の演出。

⑧風：大型で音の静かな専用ファンがあり、飛ばしネタを吹き飛ばす演出も含む。

⑨シャボン玉：演出専用のシャボン玉マシン（自社製）が古くからある。

⑩風船：風船専門の業者もいるが、小規模だと頼まれる（受ける）こともある。

⑪高圧ガス：液体窒素を単体で使った演出などもあるため、①とも③とも独立させた。

⑫舞台用銃：モデルガンを流用し、電気式で花火だけが出る模造銃を開発した。

⑬シーケンス自動制御：基本的に私の得意分野。ＤＭＸ信号や専用シーケンサーを使ってあらゆる機材をコントロールする。最近では煙火(花火)も自動制御で打ち上げる。

こうして私は入社後の数年間で、それまでわが社にはなかった商品体系、カタログ、価格表、ホームページなどの営業ツールを製作、近代化をはかった。

プライベートでも変化があった。のちに結婚することになるＪ子と、ボランティア活動を通じて知り合ったのだ。意気投合した私たちは、付き合うようになった。

因縁を感じる『美女と野獣』の再演

特殊効果に携わるようになって忘れられない仕事が2つある。もっとも〝達成感〟のあった仕事といえるだろう。

まず、酸京クラウドの社長になってからは、2015（平成27）年5月24日に迎えた劇団四季の『アラジン』の初日。これについてはあとで詳しく記すことにしたい。

そして社長になる前では、これも劇団四季関連の仕事になるが、『美女と野獣』の再演である。

2003（平成15）年春、劇団四季から父宛に、「6月1日から『美女と野獣』を京都駅の京都劇場で再演するんだけれど、小峰さんのところから専属で誰か来てくれないか」という連絡があった。

そこで誰が適任かという話になったのだが、当時、担当できる社員が次々と退社していた時期で、私にその役目が回ってきた。ここで私は初めて、1000万円クラスの見積もりをつくった。さすがにずっと京都の現場にへばりつくのは無理なので、交代要員として若手社員のK君を選んだ。

数日後、小峰邦男社長（父）に連れられ、私は劇団四季に挨拶に出向いた。劇団四季の顔見知りの担当者が出てきた。やる気のない時代の私を見ていた彼から、「聖さん、バリバリなんだってね」とやや含みのある言葉をもらった。

酸京クラウドの社員になって5年目の2003年5月、私は『美女と野獣』の京都での再演に携わることになった。同作は1995（平成7）年から1999（平成11）年にかけて上演され、4年ぶりの再演であった。

私を特殊効果の世界へ導いてくれたのは間違いなく赤坂ミュージカル劇場で上演された『美女と野獣』である。『美女と野獣』は、劇団四季が初めてディズニーとタッグを組んで日本へ持ち込んだ作品であり、父が火薬とスモークを担当した。

そして今回、『美女と野獣』の京都での再演で、私が火薬とスモークを任された。なんという因縁だろう。京都へ向かう「のぞみ」のなかで人生の不思議さを思わずにはいられなかった。

忘れられない京都の現場

この京都での『美女と野獣』の舞台監督を務める原田宗喜さんは同年ということもあってか、全幅の信頼を寄せてくれた。彼の信頼に応えるために無欲、無垢な気持ちで取り組めたと思っている。必ずしも自分が初日のスイッチを押したいとか、そうした欲はさらさらなかったのだ。すごくやり切った気持ちが持てた仕事、私のなかでは誉《ほまれ》であった。

この仕事で失敗は絶対に許されなかった。どんなに長い付き合いであろうが、たった一度の失敗がクライアントとの関係を断ち切ってしまうからである。

私は京都の現場で「一人指差し呼称」を欠かさず行っていた。最近はホームドアが設置される駅が増え、車掌の指差し呼称を見る機会も減ってきた。だが、それは大切な安全確認であり、重要な社員教育でもある。私はそうした基本を大事にしている。

だが、思わぬトラブルが発生した。

２００３年6月に初日を迎えて1ヵ月ほど経った頃、京都の原田監督から、所用で東京に戻っていた私のところに抗議の電話があった。

「小峰さんところの若いのが火薬で勝手なことをやっているぞ」

話を聞くと、私の交代要員だったK君が、開幕前のテストで今回使用を取りやめた種類の火薬を勝手に使っているという。消防法的には問題ないのだが、ロットや粒形が異なっているため、事前テストで決めた火薬の色より若干薄かった。連日本番を見ていて違和感を覚えた原田監督が問い詰めて、K君のあやまちが判明した。

K君は良かれと思ってそうしたと原田監督に弁明したらしい。だが、彼のやったことは明らかに越権行為であり、道義的に、職業倫理的に、演劇の現場ではあってはならないことであった。ともあれ、これは私の人選ミスと咎められても仕方がない。

京都にすっ飛んで行った私は、K君の非をお詫びし、彼を現場から外して東京に戻した。だが、本番は毎日続く。原田さんが聞いてくる。

「続きは誰がやるんだ？」

「自分がやります」

そう返すしかなかった。

その日から私は京都の現場に張り付くこととなった。スケジュール的には地獄の毎日だった。京都の現場で本番をこなしながら、K君が引き起こした不祥事の報告書を作成し、さらに東京のクライアントに対する対応を行わなければならなかった。

ただ7月になった頃、信頼関係を醸成した原田さんから「聖がきちんとやってくれれば、これまでのことは水に流してやる」と言われて安堵した。同時に、現場での仕事を通じて初めて同志を得たような気がして嬉しかった。

11月に入ると、母から「お父さんが体調を崩しているの」と電話で何度かこぼされた。超多忙だった私としては「お母さん、頼むよ」としか言えなかった。

あまりにも突然だった父の死

忘れられない日がやってきた。

2003（平成15）年11月24日は月曜日かつ祝日だった。公演が跳ね、前週からその日までのスケジュールをこなしたその夜、開放感に浸っていた私は原田さんとホテルの自室で数本のワインを開けた。

翌早朝、耳奥からボーン、ボーンと梵鐘のような重く余韻のある響きが伝わってきて私は目覚めた。次の瞬間、枕元の電話が鳴った。母からだった。

「お父さんが亡くなったの」

と告げられたのだが、このあたりの記憶はあまりはっきりしていない。

とるものもとりあえず、新幹線に飛び乗り東京の実家に向かった私の脳裏に「聖が社員になってくれたのはラッキーだった。けれども、どうしていいかわからない」という父の言葉が何度も浮かんだ。小峰邦男、享年57歳であった。早すぎる父の死……。

とはいうものの、親が死のうが何があろうが、『美女と野獣』の仕事に穴は絶対に開けられない。例のK君の一件を契機に非常に親しくなっていた原田さんから連絡をもらった。

「聖、これからどうするんだ？」

私の身の振り方のことである。もちろんこんなことは初体験だけれど、決断を迫られていた。会社の株については亡くなった父が事実上100％持っていたので、私が後継者としてスライドするのがいちばん自然ではあった。

すぐにずっと面倒をみてもらってきた顧問税理士に相談をし、あれこれ検討がなされた末、私が酸京クラウドの経営者に就任することに落ち着いた。

『美女と野獣』は月曜、火曜が休みで、水曜から日曜までまた本番がやってくる。「こんな状況なので悪いが替わってくれ」とそれまで東京の帝国劇場の現場にいたA君に京都の仕事を替わってもらうことにした。劇団四季側の手厚いサポートを得、京都での『美女と野獣』の引き継ぎを、わずか1週間で完了することができた。

このときの慌ただしさは尋常ではなかった。11月30日の日曜、引き継ぎ最終日の本番が始まったのは午後1時30分、緞帳が下りたのは午後4時30分。幸い京都劇場と京都駅は隣接しているため、すぐに新幹線に飛び乗った。

火葬場の都合で、その夜が父のお通夜であった。

葬儀場での忘れられない出来事

翌日の月曜日、告別式が桐ケ谷の葬儀場でとり行われた。喪主は母で、私の挨拶のスプリクト（原稿）は妻のＪ子がつくってくれていた。自分でいうのも何だが、私は本番に強いタイプなので、滞りなく役目を果たした。

当日、桐ケ谷葬儀場には予想外の人列が続いていた。おおげさでなく特殊効果の同業者ほぼすべてが参列してくれた。

祭壇には奥田民生さん、布袋寅泰さん、氷室京介さん、ＰＵＦＦＹ（パフィー）さん、真心ブラザーズさんからの、そして同業他社からの供花が所狭しと飾られていた。父がタニマチ的な存在になっていた女子プロレスラーの井上京子さんが号泣していた。

ふと瞳をめぐらすと、中島みゆきさんの横顔が飛び込んできた。みゆきさんが参列してくれていたのには驚いたとともに、鳥肌が立った。斎場から火葬場まで棺のそばにずっと付きっ切りで、父が焼かれて骨になるまでずっといてくれた。

私の母はいわゆるお嬢様育ちなので、何事にも屈託がないタイプだ。中島みゆきさんの傍らに寄って、「主人が大変お世話になりました。主人はみゆきさんのことが本当に好きだったのですよ」と語りかけた。そしてこう続けた。「みゆきさんのCDを棺のなかに入れさせていただいてよろしいでしょうか」

そのやりとりを聞いていた私はびっくりしたけれど、なりゆきに任せようと思った。ふつうの人ならまずそんなことは頼まないのだろうが、母はごく自然に了解を求め、みゆきさんも穏やかに応じてくれた。

師走の東京を走り回る新米経営者

その後、『美女と野獣』の舞台についてはA君に任せて、12月を迎えた。12月初旬はボーナスの季節、それをなんとかクリアして、中旬から始まるかつて父が担当していた中島みゆきさんの舞台「夜会」の準備に入った。

もう本当にバタバタの状態であった。これまで決算書さえ見たことのない新米経営者の私は、師走の東京を必死で走り回っていた。

窮地に立たされた風船事件の顚末

新米経営者の私に毎日が試練のような日々が続いた。

2005（平成17）年1月にはちょっとした事件が起きた。ある政党のイベントを請け負ったのだが、現場でアクシンデントが起こり、その補償で施主の企業から1億円支払えと請求される大問題に発展してしまったのだった。

場所は都内の大型ホテルのボールルーム。うちが仕掛けた風船に付いていた小型装置がいくつか落下、怪我人はなかったとはいえ大騒ぎになってしまったのだ。いまにして思えば試練であった。父が亡くなってから1年数ヵ月が過ぎようとしていた。

政党の党大会で、ホテルのボールルームの天井に吊ってある直径2メートルほどの風船16個を割るという演出。こうした風船を割る出し物はけっこうな技術が必要とされることから、風船専門業者との共同作業であった。

もともと風船割りの演出としてポピュラーな方法は、火薬を使用するものだ。電気式点火マッチをセロテープで付けておき、電気を流せば、風船は確実に割れる。だが、これはミニサイズとはいえ火薬を使う。今回の現場であるホテル内のボールルームでは使用できないことになっていた。

タッグを組んだ風船専門業者はさまざまなアイデアを持っていた。風船に瞬間接着剤を塗っておくと、ある一定時間が経過すると風船が溶けて割れる、そんなものもあった。けれども、それでは都合のいいタイミングでは割れないし、瞬間接着剤の量にもよるので、採用されなかった。

酸京クラウドには風船を割るための適当な実験施設がないので、うちの担当者がタッグ相手の倉庫を借りて共同で実験を進めた。そこで、電気を通すとソレノイド（3次元コイル）の針がくちゅっと出てくる特別な小型機材を製作した。それを風船に取り付け、風船を固定する場所から1ミリ径のワイヤーで吊り下げる。遠隔操作で針が飛び出して風船が無事に割れたあと、細かな筋状になった風船の割れカスと小型機材がそのワイヤーに絡めとられるという寸法である。1個では押し切れずに風船が割れない恐れがあるので、2個付けるべきではないかと、いろいろ実験を重ねていた。

その一部始終を見ていた私はなんとなく不安を感じて、そんなに細いワイヤーで本当に大丈夫か、支え切れるのかと聞いた。担当者の返事はワイヤーなので大丈夫、ということだった。

私はわずか1ミリのワイヤーでは、風船ゴムの張力に負けて切れ落ちてしまうのではないかと懸念したのだが、担当者は実験を重ねており、そういうことは起きないという。そこまでいうならと私も腹をくくった。

的中した不安

いよいよ党大会はフィナーレを迎えた。すでにキャノン砲の演出は終わり、あとは風船を割ればよかった。

だが、当日、現場ではワイヤーが切れて、いくつか落下物が出てしまい、そのうちのひとつが参加者の肩に当たってしまったのである。見れば、風船の割れカスに接着する5センチほどの機材に、針のようなものが付いているではないか。

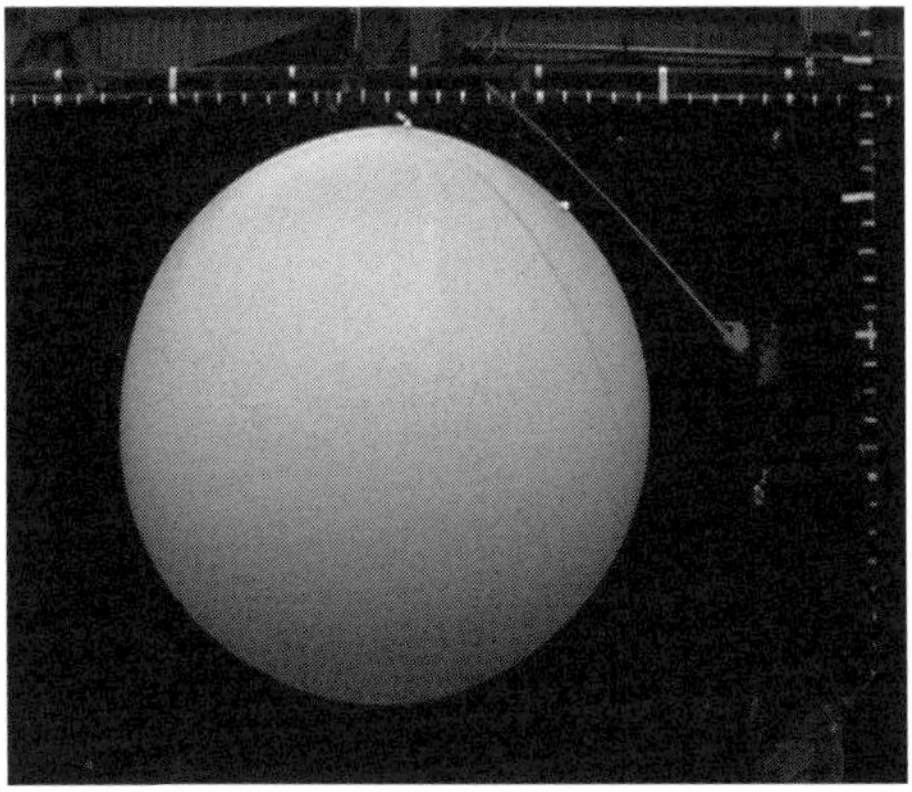
イベントで、天井から吊った2メートルの風船を割るのに失敗したあと、その原因を解明するために、あらためて実験を繰り返してレポートをつくった。

怪我人は出なかったとはいえ、この失敗はなんだと施主企業から叱られ、挙句、1億円支払えと訴えられた。

そこまでいうのであれば、うちに対する詳細な請求書を出してください、という話になった。事故を起こしたのは酸京クラウドという会社である以上、私の責任である。これは社長としての私を、神様が試しているにちがいないと捉えることにした。

いちおう保険には入っていたものの、当時のうちには顧問弁護士もコンサルタントもいなかった。社員たちの協力を得て、数々の実験を行い、連日レポートを作成した。こういう科学的な論拠から、実験が十分ではなかったという結論づけだった。いまさら嘘をつく理由もなかったので、ありのままのことをレポートに記した。

物理を多少はかじっていた私は、これが力積の問題なのは理解していた。はしょっていえば、質量が大きいほど、または速度が速いほど、パワーが増大するという原理である。

結果的には、社を挙げて実験、レポートを提出したことが功を奏し、損害金を支払わない形で円満に解決できた。

新しい顧客をどうやって開拓するか

社長になってから強く認識したことがある。われわれの特殊効果という業界では、売り上げ目標はきわめて立てにくいということであった。不謹慎かもしれないが、あえていうならば「不要」の世界である。

なぜ不要なのか。特殊効果という業界が普通の業界とは明らかに異なっているからである。

一般的な業界ならば、売り上げの公式とは「単価×客数×回転数」となる。けれど特殊効果の場合、エンドユーザーは顧客にはならない。ビジネスクライアントは興行主のみで、これは最初からほぼ決まっている。決まったパイのなかでの競争。たとえば、戦国時代を思い浮かべていただくとわかりやすいと思う。つまり、ある種の椅子取りゲームなのだ。誰かが退場すると、その後釜に誰かが入り込むわけである。

それまでドル箱であったアーティストや人気グループをさらわれ、社員に独立された父の辛さを、あらためて感じた。

カタログの代わりとしての動画

いつしか2007（平成19）年になっていた。

私は異変を嗅ぎ取っていた。順調に増えていた新規クライアント獲得のペースがガクンと落ちたのである。

紙のカタログと価格表をトータルで3000冊以上も全国に配ったのが奏功し、それまでは「カタログを見て連絡した者です」といったメールが来ていたのが、ぱったり止まった。

もう紙の時代は終わったのだ。世の中の通信手段は、完全にインターネット時代へと移行していた。

　前述したとおり、私はソフトウェア制作会社に身を置いた経験もあったが、何より子どもの頃からパソコンに馴染んでいた。それはＭＺ８０Ｂの時代、アップルⅡの時代であり、初めて親にねだってパソコンを買ってもらったのが小学5年生のときだった。

　ちょうど任天堂のファミコンが一世を風靡していた頃だが、クラスで唯一ファミコンを持っていない子どもが私であった。パソコンがあるからファミコンを欲しがらなかったのだ。忘れもしない、買ってもらったパソコンは21万８０００円もした。

　当時は父が怖かったから、父にねだって何かを買ってもらうことはなかった。けれど、母親に相談したところ、「自分でお父さんに言いなさい」とさとされ、意を決して伝えたのだった。

　私は、インターネット時代にわが社の仕事を紹介するための必須アイテムとして、動画づくりに着手した。動画はすでにつくったことがあった。きっかけはサンリオピ

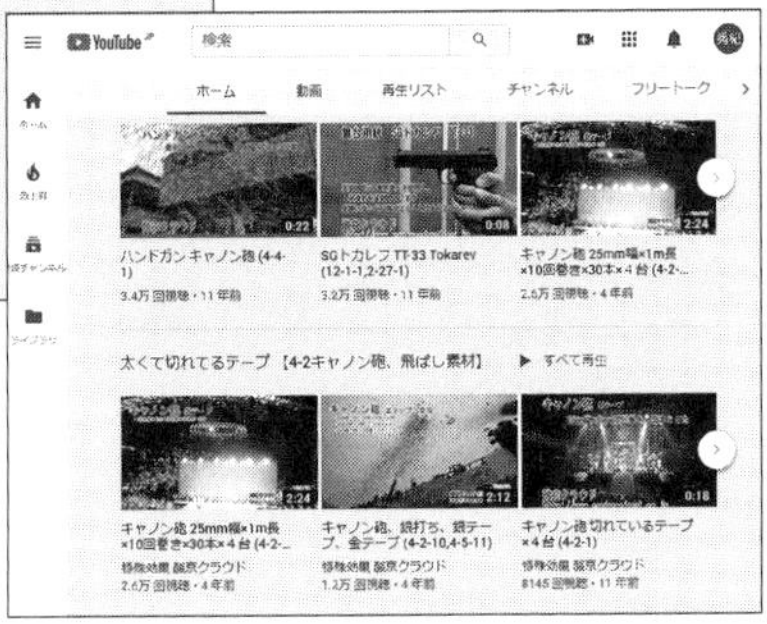

YouTubeには、酸京クラウドの特殊効果がわかりやすく紹介された動画が多数アップされている。他社の追随を許さない充実ぶり。

ユーロランドから受注した小型シャボン玉マシンの出来栄えを、東京のわが社までわざわざご足労いただかなくても、サンリオの方に見ていただけるようにしたことであった。

それまで元劇団四季のスタッフから動画の編集を教えてもらっていたので、比較的スムーズにできた。

動画は、たとえばキャノン砲の飛ばしネタならば、太いテープならこうなる、細いテープならこうなる、赤いテープならこうなる、青いテープならこうなる、と実際の効果をリアルに伝えられるのがメリットだ。

炭酸ガス噴射ならば、上から噴射すれば

こうで、下からならばこう。2台だと見た目がちょっとショボイけれど、4台だと迫力が断然ちがってくる。

また、ドライアイスによる演出ならば、「雲の上」「階段」「モヤ」「カーテン」「滝」「吹き付け」をはじめ、繊細なものからあっと驚くダイナミックなものまで数え切れない演出方法がある。

動画は、こうした各機材を用いた演出効果の一部始終を見せることができて、お客さんは自分のニーズに合ったものを選ぶことができる。紙のカタログでは不可能な連続的な流れを見せることができるし、何よりも冊子ではないことから、数を絞る必要がないのはありがたい。

2007年からそうした動画を作成してはYouTubeにアップし始めた。いまではトータル1000本以上におよぶまでになった（クライアントのみ閲覧可能なものもある）。

自分でいうのもなんだが、こんなに動画に力を入れている特殊効果会社は、世界中でもそうはあるまい。動画によるアウトプットはこれからもおおいに続けていく。

仏スペクタクルアート劇団「ラ・マシン」の苦境を救う

以下は「ラ・マシン」（横浜開港150周年記念プレイベント）に関する読売新聞（2009年4月17日）の記事の一部である。

……横浜開港150周年記念イベントとして、フランスのスペクタクルアート劇団「ラ・マシン」（La Machine）による一連のショーとして、可動巨大クモを使ったデモが行われました。2本の触角と8本脚で歩行デモを行いつつ、尾部から糸を模した水や、体部から霧を噴出したりします。大音量の生演奏、そして爆竹等が迫力を増します。当日のデモは演劇としてのシナリオがあり、「巨大なクモが科学探検隊に引き上げられ、赤レンガ倉庫付近の基地まで搬送された。午後6時頃、音楽で目覚めたクモがパニックに陥り、暴れ出した。抑えるために科学探検隊は、寒さに弱いクモを人工雪などを使って眠りにつかせた」というもので、約1時間の間、その迫力に満足しました。

この横浜市を挙げての一大イベントの協力企業として酸京クラウドに白羽の矢が立った。フランス側のさまざまな注文に対応できること、さらにガスに関して詳しく、ガスの販売免許を持っていることなどの条件にかなったのだと関係者から聞かされたが、いずれにせよ光栄なことである。

機械仕掛けの巨大なクモ2匹（高さ約12メートル、重さ37トン）が横浜レンガ倉庫や日本大通りを練り歩いたりする大規模なイベントで、「横浜の街を劇場に変える」というコンセプトに基づくものだった。

これがどれだけ大きな装置だったのかを説明しよう。クモの足1本につき運転手が付くので計8人、加えてメインの統括運転手がいるので、しめて9人が1匹の巨大クモを動かす。それが2匹いるので、計18人。2匹が右回りと左回りでのパフォーマンスを行うわけである。

会場にしつらえられた専用の敷地内で動かすぶんには、なんの問題もなかった。

4月17日と19日はスペクタクルと呼ばれる出し物の日で、公道を完全に閉鎖して2匹の巨大クモが練り歩くというイベントが組まれていた。特に19日はクモの練り歩きとともに、雪を降らす演出を「ラ・マシン」は予定していた。

演出の雪が警察から不許可に

本番の1週間ほど前、フランス側の技術部チーフを務めるファビアンから、通訳をとおして相談を受けた。ファビアンは特殊効果担当でしかも私と同じ年、出会ってすぐに意気投合した。

「小峰さん、困った。実は、地元警察が泡タイプの雪を公道に撒くのは駄目だと言ってきた。どうすればいい」

私は、横浜開港博Y150の期間中、現場の日本側とフランス側、双方の関係者たちからの特殊効果に関する技術面の仲介役、相談役を一手に受けるようになっていた。フランス側がうちで持っているのと同じスノーマシンを用意しているのを知っていたから、特殊効果の仕事の出番はないだろうと思っていた。ところが、警察に泡タイプの雪を降らすマシンの使用を認められず、ファビアンたちはまったく困ってしまったようである。

「そうか、そんなことを言われたのか」

「何か良いプランはありませんか?」

私は即座にこう返した。

「そうだな。うちだったら、CO_2を使った、ちがう種類の雪にするよ。商品名は『スノーホーン』っていうんだ。こいつは泡の雪とちがって、道路に落ちても瞬時に消えてしまうんで、道路を濡らさない。だから、警察側もOKを出すはずだ」

おそらくイベントを管理する警察側は、泡タイプの雪に対して泡消火器のイメージが払しょくできずに、難色を示したのだろう。その点、CO_2を使った雪は、気体だった

横浜開港150周年を記念して行われた、巨大なクモが動く「ラ・マシン」のイベントの1コマ。美しい雪が空を舞った。

ものが固体に変わり、ドライアイスになる前の状態である。泡ではなく、本当に冷たいスノー・フレークが降ってくるものので、要はドライアイスのパウダー版といったものなのだ。これは私の父が発案・実用化した1970年代からあった技術だ。

「本当ですか？　小峰さん、それを実際に見てみたいのですが」

「どうぞ、いつでもいらしてください」

ファビアンは4月11日に大田区のわが社にやってきた。実験して見せると気に入ってくれて、今度は私がフランス側の演出チーフに呼ばれた。

現場にいた100人ほどのフランス人スタッフに囲まれるなか、演出チーフは私を紹介した。

「こちらの日本の方に紹介していただいたCO_2を使った雪に変更するのでよろしく。とても助かりました」

これで一件落着した。

当然ながら、この仕事はうちが請け負うことになった。本番の19日、2匹の巨大クモの前で陣頭指揮する私の姿がYouTubeにいまも残されている。

日本語版『アラジン』はどうやって実現したか

さて、ここで社長になってからもっとも〝達成感〟のあった仕事、『アラジン』の話をしよう。

2014（平成26）年夏、劇団四季の幹部、近藤建吾さんから電話をもらった。

「小峰さん、ちょっと話があるから、横浜のあざみ野に来てくれないか」

あざみ野とは劇団四季の本社のことだ。

開口一番、近藤さんはこう切り出した。

「ディズニーがまた素晴らしいミュージカル作品をつくったんだ。今年3月にブロードウェイで初日を迎え、ものすごい評判になっている」

「そうですか。ぼくには初耳ですが」

と返すと、近藤さんが声をひそめて言った。

「実はね、うちがそれを買うかもしれないんだよ。まだ極秘だけれど」

「へえ、いいじゃないですか」

「ついては小峰社長に相談したいことがある。まずはこれを観てくれるかな」

そう言葉をつないだ近藤さんはパソコンを開いて、ブロードウェイ版『アラジン』の動画を私に見せた。

観終えてから、1時間半ほど打ち合わせを行ったあと、私は首を横にふった。

「近藤さん、悪いけれど、これはお断りしたい」

「えっ、なんで?」

私は困惑顔の近藤さんに向き直った。

「2つの理由があります。ひとつ目の理由は、消防面でとても厳しいと思ったからです」

舞台で花火を打ち上げるには、消防庁の特別な許可が要る。屋内で花火を打ち上げることは禁止されているからだ。そこを特例として認めてもらうには、何度も管轄の消防署に足を運んで説明をし、安全性について納得してもらわなければならない。非常に時間と手間がかかる作業だ。にもかかわらず、近藤さんによれば今回の『アラジン』は前回の『美女と野獣』を大きく上回り、1回の公演で花火を40発近くも打ち上げるのだという。消防庁を説得するのにいったいどれだけ時間がかかるのか、考えただけでも気が遠くなる話だった。

「もうひとつの理由は何？」

「バジェット（予算）です。近藤さんもご存知のように、『美女と野獣』では輸入花火を10数発打っていましたが、辛くも赤字にならずに済んだ。ですが、先ほどの説明だと『アラジン』はその2倍以上でしょう。バジェットを2倍以上にしてもらわないと、受けられませんよ」

それから3週間後、のちに『アラジン』の初代舞台監督となる笠原俊典さんから電話があった。

「このたびは大変お世話になります」

「えっ、なんのことですか？」

訝る私に笠原さんの声が畳みかけてきた。

「ニューヨークですよ。近藤技術部長が話はついていると言っていました。いつ向かいましょうか」

「無理無理。9月末までスケートショーで鹿児島に行っているし。それにぼくは断ったよ。聞いてないの？」

「わかりました。じゃあ、10月1日から行きますね」

そう言った笠原さんに電話を切られてしまった。

数日後、メールで「10月1日のフライト、取りました。その他も手配済みです」との連絡を受けた。

「オレ断ったのに……」と思いながらも、そこまでお膳立てをしてくれるならと、ニューヨークに行くことにした。

指定されたホテルに着くと、近藤さんと笠原さんが出迎えてくれた。笠原さんが言った。

「四季の視察部隊が10人ほどいて、昨日帰国しました。われわれ2人は、小峰さんを待っていたんです」

『アラジン』は劇団四季の新しい幕開けを告げる作品

次の日から『アラジン』を3回観て、舞台裏も見させてもらってから打ち合わせに入った。この時期、劇団四季の創設メンバー浅利慶太氏が四季を去り、浅利慶太事務所を立ち上げていた。2人は交互に、だいたいこのようなことを訴えてきた。

「小峰さんや世間の人たちは、劇団四季は『美女と野獣』で成功しているし、『ライオンキング』は間もなく上演20周年を迎え、『リトルマーメイド』も絶好調。ディズニーのシアトリカル・プロダクション（演劇・ミュージカル作品製作部門）と四季は蜜月だと思っているだろう。

けれども、この『アラジン』は浅利さんがいなくなって初めてのトライなのだ。世間は、また四季さんはディズニーのミュージカルを買ったんだ、きっとうまくいくだろうね、楽しみだね、と思うだろうが、実はそうではない。四季が新体制になって、これがこけたら大変な窮地に陥る。絶対に失敗は許されない。われわれとしては特殊効果では小峰さんを頼るしかない」

ずるいなと思った。私が浪花節に弱いのを突いてきたのだ。

次の瞬間、こんな言葉が私の口から自然に滑り出ていた。

「じゃあ、考えましょうか」

2人の顔が同時に綻んだ。

「いま思いついたのですが、もし火薬（花火）を従来のように輸入モノでなく、国産で同レベルのものをつくることができれば、お互いが損をしないで折り合いがつくのではないでしょうか。

これまでの輸入の火薬は不良品があっても文句が言えなかった。理由は、火薬の輸入は大変で、いったんアメリカが輸出した火薬は不都合があっても、アメリカへの逆輸入はほぼできないからです。事実、不良品が出て、一回100万円程度をうちが被《かぶ》ったこともあった。しかし、国産でつくることができれば、不良品があれば直接文句も言えるし、相手が日本人であれば、さらなる改良の余地もあると思うし、これまでよりも安くできるのではないでしょうか」

「小峰さん、ぜひそれをやってくれませんか」

こうして『アラジン』はスタートした。

修羅場を乗り越え迎えた〝奇跡〟のオープニング

２０１４（平成26）年の暮れから、儲け度外視の仕事が始まった。知り合いの茨城の花火工場に頭を下げてタッグを組ませてもらい、新しい国産花火の開発に没頭した。新製品を開発して、これまでの輸入品と同等の性能（色、広がり、軌跡、飛距離、見栄え）の花火を完成させるだけではない。ディズニー側の承認を取り、東京消防庁の承認も取らなければ、劇団四季の期待に応えられない。きわめて高いハードルをいくつも越えなければならなかった。

２０１５（平成27）年の正月からはずっと茨城詣でが続いた。実験、動画撮影、実験、動画撮影の繰り返し。カタログの代わりに動画を導入したことで、私の動画づくりの腕はかなり上達していた。

昼間は茨城の花火工場に出向いて実験を手伝い、それを撮影して帰宅、夜中に編集作業、『アラジン』の関係者向けにつくった動画は3ヵ月で50本以上にもなった。

難儀して納得のいく出来栄えの花火が完成した夜、私は撮影したばかりの動画を劇団四季宛てに送った。

「これをディズニーのシアトリカル・プロダクションに送信してください」

お読みいただいている方は、なぜ日本の特殊効果の業者はわざわざ制限の厳しい外国製花火を求めるのか、国産花火を使おうとしないのか、と不思議に思われるかもしれない。

その理由は、国内の老舗花火メーカーは、劇場用の小さな花火をつくりたがらないことにある。どうしても大型の3尺玉などの製造に傾斜しているのだ。

小さな花火をつくるメーカーもあるにはあるのだけれど、特殊効果業者のオーダーメイドに応えるには、量がまとまらないと受けてくれない。

となると、国内製品よりは値が張るし、返品は利かないけれども、海外の既存の製品を商品表から選んで注文するほうが楽だということになる。ただし、これはあくまでも一般論として受け止めていただきたい。

2015年3月、念願だったディズニー側の許可が出た。初めは動画で暫定のOKが出て、最終的には来日したシアトリカル・プロダクションのメンバーから正式なOKをもらった。

この間、東京消防庁には何度通ったことか。動画を携えて担当官と折衝、消防法から逸脱しない形で、室内での花火使用に関する特例を認めてもらった。これには『アラジン』の舞台監督にも尽力してもらったのだが、それについては後述したい。ディズニーと東京消防庁のお墨付きをもらったことで、ミュージカル『アラジン』日本版の舞台での煙火の演出は、すべてメイド・イン・ジャパンで行えることとなった。

加えて、花火製作のコストダウンもうまくいき、うちも少し儲けさせていただけることがわかった。

果たして、日本の特殊効果の先駆者とされる父だったら、この修羅場を乗り越えられただろうか。それはわからないけれど、少しは父が褒めてくれるような気がした。

２０１５年5月24日、劇団四季による日本語版ミュージカル『アラジン』の初日の幕が開いた。

これはいまから考えてみると、劇団四季にとっても私にとっても〝奇跡〟のオープニングといえるものだった。

私がもっとも苦心したのは、ランプの魔人ジーニーが魔法をかけまくる「理想の相棒─フレンド ライク ミー」（原題「Friend Like Me」）という曲のシーンだ。冒頭の床からマイクが飛び出てくるところの目くらましの火薬など、苦労した甲斐があって見事なできだった。私は初日の舞台を見ながら、感動で目が潤むのを感じた。

第2章

エンタテインメントができるまで

エンタテインメント・ビジネスは今後も伸びていく

近年、エンタテインメント産業が拡大方向にあるのは誰もが認めるところだろう。たとえばコンサートなどのイベントがここ10年で飛躍的に伸びてきている。

ＣＤなどのモノを買うのではなく、コンサートに出掛けるようなコトを買う時代になってきたといえるのではないか。ＣＤの売り上げはたいしたことがないのに、そのアーティストのコンサートに行ってみたら満員盛況。本が売れないのにその作家の講演会は立錐の余地もない等々、実例は枚挙にいとまがない。

こうしたモノからコトへの大転換が起きている時代において、エンタテインメント・ビジネスの市場はますます伸びると私は確信している。

ご購読ありがとうございました。今後の出版企画の参考に
致したいと存じますので、ぜひご意見をお聞かせください。

書籍名

お買い求めの動機

1　書店で見て　　2　新聞広告（紙名　　　　　　　　）

3　書評・新刊紹介（掲載紙名　　　　　　　　）

4　知人・同僚のすすめ　　5　上司、先生のすすめ　　6　その他

本書の装幀（カバー），デザインなどに関するご感想

1　洒落ていた　　2　めだっていた　　3　タイトルがよい

4　まあまあ　　5　よくない　　6　その他(　　　　　　　　)

本書の定価についてご意見をお聞かせください

1　高い　　2　安い　　3　手ごろ　　4　その他(　　　　　　　　)

本書についてご意見をお聞かせください

どんな出版をご希望ですか（著者、テーマなど）

郵便はがき

料金受取人払郵便

牛込局承認

9410

差出有効期間
2021年10月
31日まで
切手はいりません

162-8790

東京都新宿区矢来町114番地
神楽坂高橋ビル5F

株式会社ビジネス社

愛読者係行

ご住所 〒 TEL:　　(　　)　　FAX:　　(　　)		
フリガナ お名前	年齢	性別 男・女
ご職業	メールアドレスまたはFAX メールまたはFAXによる新刊案内をご希望の方は、ご記入下さい。	
お買い上げ日・書店名 年　月　日　市区町村　書店		

衣食住が満たされ、そこにさらに「感動」をプラスアルファするこの分野は、ある意味、特殊であるゆえに無限のポテンシャルを秘めている。あえて数字を挙げろといわれれば、優に現在の10倍以上の潜在的な市場があるのではないか。

そうした可能性を見せつけたのが「嵐」だった。

2019（令和元）年11月に嵐がアジア4都市をまわって会見を行うキャンペーン「JET STORM」を行った。9日深夜に羽田空港を出発し、総移動距離1万2982キロ、計39時間かけてジャカルタ、シンガポール、バンコク、台北を訪れた。コンサートをするでもなく、ただ訪問しただけで、各地を熱狂の渦に巻き込んだ。

あれで嵐がコンサートを打ったならどうなるのか。彼らなら各国の巨大なスタジアムを超満員にすることができる。その絵を想像するだけで興奮する。

いまの欧米のアーティスト、あるいはディズニー・オン・アイスにしてもワールドツアーを当たり前のように打っている。そういう時代になってきたのだ。

われわれ特殊効果会社も、さらに足腰を強くして、世界に打って出る、世界を見据えるビジョンを抱くべきではないのか。

嵐の予算はなぜ青天井なのか

ところで、われわれ特殊効果の業界の浮沈を左右するのは、世の中の景気なのか、それとも景気には無関係で、ジャニーズに代表されるようなスターの登場なのか？

そう聞かれたら、答えは断然後者だ。

たとえばジャニーズの頂点に立つ嵐、日本のミュージックシーンの頂点に立つサザンオールスターズなどに必要とされる演出や技術があるならば、クライアント（主催者）は彼らを満足させるために惜しみなく予算を投入するものだからである。

ではなぜ嵐に巨大な予算が投入されるのか？ジャニーズのアイドルグループにも当然序列が存在しており、それを決めるひとつの要件がファンクラブの人数である。嵐のファンクラブの人数は、ジャニーズ内でダントツに多い。さまざまな伝説が流布されているが、私の知るかぎり、嵐のコンサートチケットは通常、販売開始から完売まで3分以内とされる。東京五輪チケットなど比ではないペースで売れていく。だから嵐に費やす予算は基本的に〝青天井〟となるのだ。

次に世の中を席巻するスターあるいはグループが誰なのかはわからないが、未来のトップアーティストに対しても、クライアントは彼らの望みに寛容であるはずだ。

いま舞台照明の世界で脚光を浴びているのがブラック・トラックスというアメリカ発の照明システムだ。ディズニー・オン・アイスや宮本亜門氏演出のスケートショー「氷艶」に導入され、話題を呼んでいる。

ごくシンプルに説明すると、コンサートなら歌手の肩先に、アイススケートショーならスケーターの肩先に小型発信機を付けておくと、屋内会場に備えてある約30台のカメラがその発信機を自動追跡するというシステムである。以前はピンスポット照明のアルバイトたちが5人がかりでメインキャラクターの動きを追っていたのだが、それが不要になった。

人に付けるだけでなく、装置にも付けられるので、そこに向かってレーザー光線を照射したり、さまざまな形で明かりを当てることが自動的にできるようになった。

この画期的なシステムはあくまで照明のジャンルだから特殊効果とは直接関係はな

いけれど、私がよく出入りさせていただいているアイススケートショーの主催会社が導入したことから、比較的早くからその素晴らしさについては知っていた。

最近、嵐の演出を担当しているデジタルアート集団の「チームラボ」もこのブラック・トラックスをコンサートに導入している。チームラボのような仕事にはうってつけの機材が出てきたなとつくづく思う。

チームラボは、プロジェクション・マッピングのピカイチの使い手として知られる。プロジェクション・マッピング（Projection Mapping）とは、コンピュータで作成したCGとプロジェクタ等の映写機器を用い、建物や物体、あるいは空間などに映像を映し、時には音とシンクロさせる技術の総称である。これとLEDパネルを駆使して幻想的な世界を演出するのがチームラボの十八番だ。

劇団四季は日本で唯一の独立エンタテインメント企業

ここからはうちの特別なクライアントである「劇団四季」の話をしようと思う。

父亡き後、劇団四季の担当は私になった。たとえば、新作上演のとき、あるいは久しぶりに『オペラ座の怪人』や『キャッツ』を上演する際、必ず私に連絡があり、特殊効果に対する見積依頼がある。舞台監督からダイレクトに連絡をもらうのだ。

劇団四季関連の仕事は、通常の舞台芸術の世界とは異なる時間軸で動いている。スパンが長いのである。

これはよく考えれば当たり前の話で、劇団四季は自前で全国各地に劇場を建てて収益を上げる体制を築いた日本で唯一無二の劇団である。劇場を1ヵ月借りて収益を上げるプロジェクトとは次元がちがう。やはり3、4年のタイムスパンで黒字化させる視野を持っているわけだ。

劇団四季と心中するつもりで過ごした熱い季節

ブロードウェイでミュージカルを開幕するには、気の遠くなるようなハードルをクリアしていかねばならない。ディズニーが満を持して送り出した『アラジン』も例外ではない。

日本初演の『キャッツ』は、1983年11月11日に仮設劇場「キャッツ・シアター」(西新宿)で開幕した。

初演は2011(平成23)年、シアトルのフィフス・アベニュー・シアター。2012(平成24)年にブロードウェイのならいとしてプレビュー公演を行い、2013(平成25)年にはトロントでトライアウト(試験興行)を実施した。トライアウトでは観客の反応を見ながら、演出に変更を加えたり、細部調整を施していくのだ。

ミュージカル『アラジン』がブロードウェイのニュー・アムステルダム・シアターで正式にオープニングを迎えたのは２０１４（平成26）年3月のことだった。

ブロードウェイで熱狂的な支持を得た『アラジン』を日本語版としてつくり上げ、東京で開幕させたのは、そのわずか14ヵ月後の２０１５（平成27）年5月。これは奇跡以外のなにものでもなかったと思う。

『アラジン』の日本での公演は、先にふれたようにそもそも消防的に困難がともない、バジェット的にも成立が危ぶまれると私が劇団四季側に直接言ったくらい、きわめて難しい演目だった。

繰り返しもあって恐縮だが、前章で書けなかった『アラジン』の開幕までの道のりを別アングルからもう少し詳しく振り返ってみたい。

私がここまでこだわるのは、大仰でなく劇団四季と心中する覚悟で過ごした、これまで生きてきたなかでいちばん熱い〝季節〟であったからだ。

『アラジン』に対する劇団四季の情熱と矜持

２０１４年7月、近藤建吾さんに呼ばれた私は、劇団四季が『アラジン』の上演権利をディズニーから買うかもしれないことを聞かされた。当然ながら部外秘であった。私がニューヨーク入りした２０１４年10月、劇団四季版『アラジン』の舞台監督がふだんから付き合いのある笠原俊典さんに決まった。そして近藤さん自身は技術部門のトップに就いていた。

ここからブロードウェイのニュー・アムステルダム・シアターの大掛かりな舞台セットを日本の劇場でどう再現するか、劇団四季の技術スタッフが格闘する日々が始まった。

私は持ち場である火薬（日本製の新規開発を含む）の段取りとスモークの演出に関わった。さらに小道具の調整にも顔を出していた。

『アラジン』の舞台監督は4人態勢で立ち上がった。本舞台監督は笠原さん。特殊効果全般を担当する嶽本由郎さん、フライングカーペットに専念する竹村公秀さん、そして全体をフォローする平野真登さんと、当時の中堅どころのエースが揃った感じだった。いってみれば、多頭龍のキングギドラみたいな感じで、劇団四季版『アラジン』プロジェクトは立ち上がった。

2015年1月、オープニングの舞台監督が笠原俊典さんであることが発表された。4月末あたりからは舞台調整役のアメリカ人が来日、ひと月ほど付きっ切りで稽古が行われ、初日を迎えることとなった。

この『アラジン』の場合も、20年前に父が特殊効果を手掛けた『美女と野獣』の場合と同様、劇団四季はただならぬ〝情熱〟と〝矜持〟を持って進めていた。ブロードウェイでディズニーが公演している出し物を、そっくりそのままのクオリティで上演してみせる。これは並大抵のことではない。花火の演出ひとつとっても煩雑な作業がある。妥協は許されない。

さらにこのときは先にも記したとおり、創設メンバーの浅利慶太氏が四季を去ったことで、世間から、「今後、四季はちゃんとやっていけるのか?」という興味と疑問の視線が注がれていた。四季としては是が非でも『アラジン』を成功させなければならなかったし、そのために『アラジン』を持ってきたわけである。

ただし、上演は日本の法律に則るという制約に従わなければならない。そして当然ながら、わが社としては劇団四季のバジェットに合わせなければならない。

花火を国産化して、経費を削減するというアイデアが閃いたのは、いまにしてみれば、自分の肩にエンタの神様が舞い降りてきたとしか思えない。

「これしかないよ」

エンタの神様に肩を揺さぶられ、そこで私の腹が決まった。

私はブロードウェイの舞台を収めた映像を繰り返し観て、学びを深めていった。

『アラジン』上演許可のため舞台監督が通い詰めた芝消防署

『アラジン』に関しては2015年1月から毎週、舞台監督の嶽本さんに時間をつくってもらい、芝消防署に通ってもらった。ここは電通四季劇場［海］の所轄消防署である。

とにかく芝消防署に足繁く通い詰めてほしいと、嶽本さんにお願いした。特殊効果に火薬を用いるため、その調整が不可欠で、私としては芝消防署の理解を得てから、東京消防庁に話をつけてもらう形が最善策と考えていたのだ。そのためにも、芝消防署の人たちに、「ぜひ、『アラジン』をやりたいですね」という心持ちになってもらうことが絶対に必要だった。

火薬や高圧ガスを用いる演出で、安全をいちばんに考慮するのは、観客と演者の両方に、安心して舞台の世界に入り込んでもらうためにほかならない。

芝消防署に行くたびにさまざまな条件を付与されることもあって、私は嶽本さんを連れて、毎月、茨木の花火工場に相談に通った。

その間にも嶽本さんは毎週芝消防署に通い続け、徐々に理解を得られるようになっていった。

そして3月末、とうとう東京消防庁の満額回答をもらえた。ほぼ同時期にディズニー側の了承も得ることができた。

所轄の人たちも、東京消防庁の担当官たちもそうなのだが、彼らは東京消防庁内の試験を受けて合格すると、職位が上がっていく。そうして、われわれ特殊効果業を管轄するこれまでの査察課からすぐにちがう部署に異動してしまう。だから通常は2、3年で、所轄も東京消防庁も担当者がどんどん入れ替わっていく。

こうした頻繁な異動は父の時代でも同じであった。さらに彼らの仕事の流儀という

2015年5月、さまざまな課題をクリアして、ようやく劇団四季版の『アラジン』は開幕にこぎつけた。劇場［海］の前で。

か、手法、取り組みも変わっていない。要は書面でしか見てくれていないのである。

たとえばすでに公演を行っている『アラジン』にしても、半年に1回検分（消防査察の立ち入り検査）にやってくるのだが、初めての所轄担当官が検分に来て、初めての東京消防庁の担当官がやってくる。そのとき彼らは笑みを浮かべてこう言っていた。

「われわれは書面でしか見ていないので……。こんなものなのですか？」

これはどういう意味なのかというと、書類をとおして見ているだけでは、やはり実際の舞台は想像できないということだろう。けれども、われわれは書面どおりにきちんと鉄板まで引いたり、安全を考慮した特殊エアカーテンも付けて、コンプライアンスを厳守しているのだが……。

われわれは詳細な図面を提出し、花火の動画も、キャノン砲を打っている写真も、躍っているアラジンの写真などもすべて添付して送っている。いま記憶に残っているのは、所轄の担当官に「防炎剤の証明書類の有効期限が切れている」と指摘されたことくらいであろうか。

こうした綿密な準備ときめ細かい対応が功を奏し、われわれは3月末には消防署から実質的な承諾をもらうことができた。

そして5月24日、『アラジン』は無事、初日を迎えた。

特殊効果が劇場入りするタイミング

劇団四季以外にわが社が扱っている大型演目を挙げると、クラシックバレエの舞台『スワンレイク（白鳥の湖）』がある。これは渋谷Bunkamuraのプロジェクトで、特殊効果として火薬を用いる場面がある。何度か再演している人気演目である。

また、本書を執筆している2020（令和2）年1月現在、豊洲にあるＩＨＩステージアラウンド東京という円形の劇場で『ウエスト・サイド・ストーリー』を上演しているが、これについては開演の1年ほど前に話をいただいた。主役キャストが交代しながらロングランをする出し物で、うちが手がけるのはモヤモヤした煙と、あとは雲海の場面があるので、雲海の機材を超長期で貸し出している。

もうひとつの大型演目にはホリプロ主催のミュージカル『ビリー・エリオット〜リトル・ダンサー〜』の再演がある。これはホリプロからの要請で、舞台監督から再演の1年ほど前にうちのイベント演出部長に「見積もりを出してくれ」との連絡があった。これに対応するために新機材を導入する手配をしている。

このように、劇団四季以外にも大型演目を受注している。

われわれの仕事では、役者さんが入ってのリハーサルはさほど回数が多いわけではない。

まず役者さんは台本の読み合わせから始まり、次に体を動かしながら稽古場で稽古を行う。役者さん、演出家、演出部（舞台監督部）、役者の動線の確認などの必要があれば衣装、床山（かつら）、小道具が稽古場に集まり、そこで本番のようなお城などの舞台を組まず、仮の台や箱、テープルを使って、本物っぽい環境をつくって稽古を重ねる。「本番はもう少し広くなります」「ここから先に行くと、舞台から落っこちてしまいます」など舞台担当に声掛けされながら、ビニールテープで区切った空間で稽古をつけるのだ。小道具については本番と同じものを使うことが多い。

劇団四季に限らず、他のところもそうだが、舞台監督チームは二手に分かれている。劇場で本番のセットをつくり上げていく舞台監督チームと、稽古場を仕切る舞台監督チーム。これはよくあるパターンである。

われわれ特殊効果屋が劇場に入る前に、役者さんはすでにそうとうな稽古をこなして、動きや歌ができあがっているわけである。

スポーツ選手の登場シーンを大きく変えたスパークラー

かつて陸上競技大会の選手紹介はレーンごとに選手名を告げるのみで、かなり地味というか、演出はゼロに等しかった。ところがご承知のとおり、最近はすっかり様変わりしている。トラックに出る前に各レーンの選手がひとりずつゲートから姿を現し、噴き出し花火のなかを通ってトラックへと向かうというショーアップがなされている。

これは新しい機材である「スパークラー」のおかげだ。2017（平成29）年頃から、台湾およびアメリカ製のものが入ってきて、われわれ特殊効果の業界に浸透しつつある。

このスパークラー（これは商品名だが）がユニークなのは従来の機材と異なって、

火薬ではないことだろう。かねてより日本では、こうした吹き出し花火的な演出を行いたいときには、ジャーブ（低温度花火）と呼ばれる火薬を電気点火するものが主流だった。ごくシンプルにいえば、鉄粉を燃やす花火であり、基本的な原理は、夏に駄菓子屋などで売っているドラゴン花火などと同じものといえる。

ところが、スパークラーはチタン合金粉末を電磁波で加熱、下から強力なファンで空中に放出することで、ジャーブに似た演出効果を表現できる。しかも、遠隔操作で複数回、自在に噴射したり、止めたりすることができる。さらにスパークラーに使われるチタン粉末は日本において法的に火薬などの「危険物」の扱いを受けていない。

国立研究開発法人産業技術総合研究所の松永猛裕先生の言葉を借りれば、酸化反応を起こすから火薬でありその意味では花火なのだけれども、スパークラーの場合、酸化剤を使わずチタン粉末のみの機材という理由から、危険物には指定されていないそうだ。実際に反応を起こしたチタン粉末に手をかざしても熱くはない。ただ、少し痛い感じがする。紙をかざしても若干焦げが付く程度である。

ともあれ、スパークラーはわれわれの業界においては10年に一度出てくるかこない

火薬に電気で点火するジャーブは、かつては噴き上げ花火の主役だった。

最近人気のスパークラーは、細かい火花を噴き上げられる。チタン粉末を電磁波で過熱するので、手をかざしても熱くない。複数台を並べることができる。

かの画期的な機材という評価を受けており、世界的な流行となっている。

東京消防庁内にスパークラー委員会ができる

2017（平成29）年頃から出回るようになったスパークラーだが、ここにきて消防庁に問い合わせが殺到しているという。埼玉スーパーアリーナ、日本武道館、LIVE CUBE SHIBUYA（渋谷公会堂）、東京ドームを管轄している所轄消防署、たとえば渋谷消防署や小石川消防署では、イベント開催の主催者、あるいは特殊効果の各社からスパークラー使用について問い合わせが多数寄せられ、扱い切れずに困っていた。

これはなぜかというと、先にもふれたようにスパークラーは火薬扱いされないし、使用免許も必要ない。したがって、われわれのような特殊効果の事業主でなくても、誰でも購入することができる。そのメリットから問い合わせが増えたのだ。

問題は、火薬のようで火薬ではないというスパークラーの得体の知れなさにあった。

そこで東京消防庁内に、特別に「スパークラー委員会」が発足した。同委員会には消防技術安全所などの研究機関や大学の教授が呼ばれ、オブザーバー役として特殊効果の事業主2社が参集した。そのうちの1社が私であった。

東京消防庁の検査結果によると、スパークラーの横に油、燃えやすい綿、あるいは火薬を置くと、それらが着火源となることが判明した。ゆえに、扱いを規定しなければならなくなった。そうして追加条項が定められたのである。

直後、東京都管内すべての消防署の担当者が集まり、「スパークラー事案については、追加条例に則って対応するよう」にと周知徹底された。2019(平成31)年の年初からはそういう体制になっているので、もはや東京消防庁の力を借りなくとも、たとえば小石川消防署や渋谷消防署管内では追加条例に則っていれば、スパークラーが比較的自由に使えるようになった。

ドラゴン花火(ジャーブ)は追加条項で発数制限をかけられている。5グラム以下で10発、15グラム以下でも10発、一公演で合計20発までといった具合である。客席との離隔距離は6メートル以上という制限もある。

スパークラーに関してはもう少し緩くなった。燃焼の3要素とは、「点火源」と「酸素供給体」と「可燃物」。このどれかひとつでも欠ければ、燃焼は起らない。ということから、客席との離隔距離については半径3メートルと設定され、機材の台数については無限と定められた。

私はこれらについて東京消防庁に何度も突っ込んで尋ねた。新たにつくられた追加条例では特に台数にはふれられていないので、仮にスパークラーを100台並べたとしてもお咎めなしとなった。なにしろスパークラーの機材は、ガソリンでも火薬でもなく、ただのチタン合金粉末なのだから。いまは追加条例を守ってさえいれば、誰でも自由にスパークラーを使用することができるわけである。

各消防署は東京オリンピックを控えて無茶苦茶に忙しいのだが、スパークラー対策だけは特別に行われた。

予想していたとおり、スパークラーのバリエーションが続々と出てきた。スパークラー・ミニ、スパークラー・プロ（IP55の防水性能を有する）、スパークラー・フォール、スパークラー・トリプル等々。スパークラーは商品名だと記したが、同じような機能の他社製品も出てきている。

舞台が幕を開けるまでの段取り

ここでわれわれ特殊効果の業者がどういう経路で仕事を受注し、どういう段取りを経て本番を迎えるのかを紹介しよう。

いちばん普遍的なのが、催し物のスポンサー（施主）がイベント会社に依頼、仕切る側に立ったイベント会社からオーダーを受けるスタイルである。

一方、自前で包括的にやってしまう会社もある。けれども、やはり基本的には進行表の作成や出し物についてはイベント会社に任せるところが多い。

まずは施主とイベント会社が日程と会場を押さえる。

そのときに、施主はイベント会社に対して要望を伝えてくる。たとえば、「うちの社長、マイケル・ジャクソンが好きなので何か面白い演出ができるところを知らないか」といった要望が出てくる。それを受けてイベント会社は照明屋、道具屋、音響屋、そして特殊効果屋に発注するわけである。

イベント会社がインターネットで調べて直接電話をしてくるケースもよくある。「これまで特殊効果を使ったことがないので、見積もりをお願いできますか」といった具合である。

以上が大まかな流れといえる。

イベント会社と打ち合わせをしているうちに、おおよその進行表ができあがってくる。本番の前日は現場での仕込みなので、われわれ特殊効果屋がリハーサルに参加するのかどうかがイベント会社から伝えられる。

仮に施主の社長から「一度どんなものか見てみたい」と言われれば、イベント会社と話し合って、「それなら、本来は朝9時に入れば間に合うけれど、朝7時に入って、うちのリハーサルを見てもらう段取りにしましょうか」となる。

こんな感じで場所、日時、内容、タイムスケジュールが決まっていく。それまでにイベント会社との間で、キャノン砲を何台使用するとか、仕込み方、発射する色の種類、図面等々の詰めを行い、リハーサルの有無を決める。

火薬を使用する場合には、事前に消防署への申請が必要になってくるので、もう少し早めにイベント会社とともに動かなければならない。

イベント系と撮影系では仕事の進め方がちがう

火薬を使用しないイベントならば、たいていは本番の2週間程度前に連絡が来て、「ちょっと急なのだけれど、そちらのスケジュールはどうか」というパターンがわりと多い。

CMやプロモーションビデオの撮影のオーダーはかなり唐突に入ってくる。撮影の1週間前に相手側から「火薬を使ったものをやりたいので、お願いしたい」などというケースはしょっちゅうである。撮影系は最後の最後で監督が「いや、どうしてもこれがやりたい」と主張した場合、ぎりぎりの判断で依頼がくることが多い。

逆に1ヵ月くらい前から連絡が来ることもある。ただし撮影系の場合は小屋（屋根付き会場）を押さえなくていい可能性が高いので、連絡をもらっても、なかなか日程が決まらないことが多い。1ヵ月前にこんな電話をもらう。「7月の7日、8日、9日のどれかになる。いまはタレントを押さえているところなので、はっきりと言えない」。こちらとしては「であれば、日程が決まってから連絡ください」と返すしかない。

イベント系でも、毎年受注しているものは1、2ヵ月前には連絡が来る。毎年社内のキックオフ・イベントを行うような大きな会社は、小屋を1年前には必ず押さえているからだ。たとえば最近うちのお得意様となっているとあるクライアントは、毎年、新木場のSTUDIO COAST（スタジオコースト）で行うと決まっている。

毎年受注しているイベント系のクライアントからは、毎回、「こんなのをやりたいんですが」とか「何か新しいネタはありませんか」と聞かれる。

つまり、その場の状況で対応する撮影系と、台本をつくるイベント系ではかなり仕事の進め方がちがうわけである。

ただ、撮影系にもいちおうコンテらしきものはあるにはある。通常A4が1枚から2枚。30秒用のCMコンテと15秒用コンテが描かれているものが1枚、もう1枚はタイムスケジュール。それに沿って撮影時間が延びることもある。

以前から親しくさせていただいているテレビ局系の特殊効果会社からの発注も、けっこう急なものが多い。

先にもふれたように、特殊効果の業界においては人手不足の際、助っ人の〝融通〟が当たり前のように行われている。たとえば、あるテレビ局の看板音楽番組を担当しているところからSOSの連絡をもらい、本番の数日前に「2人来てほしい」と言われる。そのつもりで予定を組んでいると、前日になって「悪い、1人で足りる」となったりする。このようなことは日常茶飯事である。

依頼があるのは著名なアーティストやグループの現場。その場合、何を任されるのかは現場に行くまでわからない。日程や受け持ちについては、会社に連絡が来るのではなく、それぞれの担当者、もしくはイベント演出部長に直接来るケースが多い。

アーティストがいて、イベントを統括する制作会社があって、元受け特殊効果会社があって、そこで人手不足が判明するとうちに連絡がある。うちも社員をそれ用に押さえなければならないので、コンサート・イベント系の仕事については早めに連絡をもらうことにしている。

一方、うちで受注した案件は、基本的には助っ人に頼らず、自前でやっていけている。

ステージに降らせる雪にもさまざまな種類がある

トップアーティストが絡むコンサートは、機材のやりくり、消耗品の発注などいろいろなリミットがあるなか、けっこうぎりぎりまで決まらない。

たとえばステージに降らせる雪にしても本当に多くの種類がある。昔、歌舞伎で使ったような紙の雪（ペーパー・スノー）、これは2センチ角の正方形が主流だが、いまこれを使う業者はあまりいないはずだ。なぜなら、紙だから可燃物だと消防署から指摘されるからである。ただし、金額は張るが防災加工を施した製品もある。

トウモロコシを原料としたコーンスターチみたいな雪（エコスノー）もある。これは口に入っても平気だ。また、発泡スチロールをシュレッダーしたような雪もある。

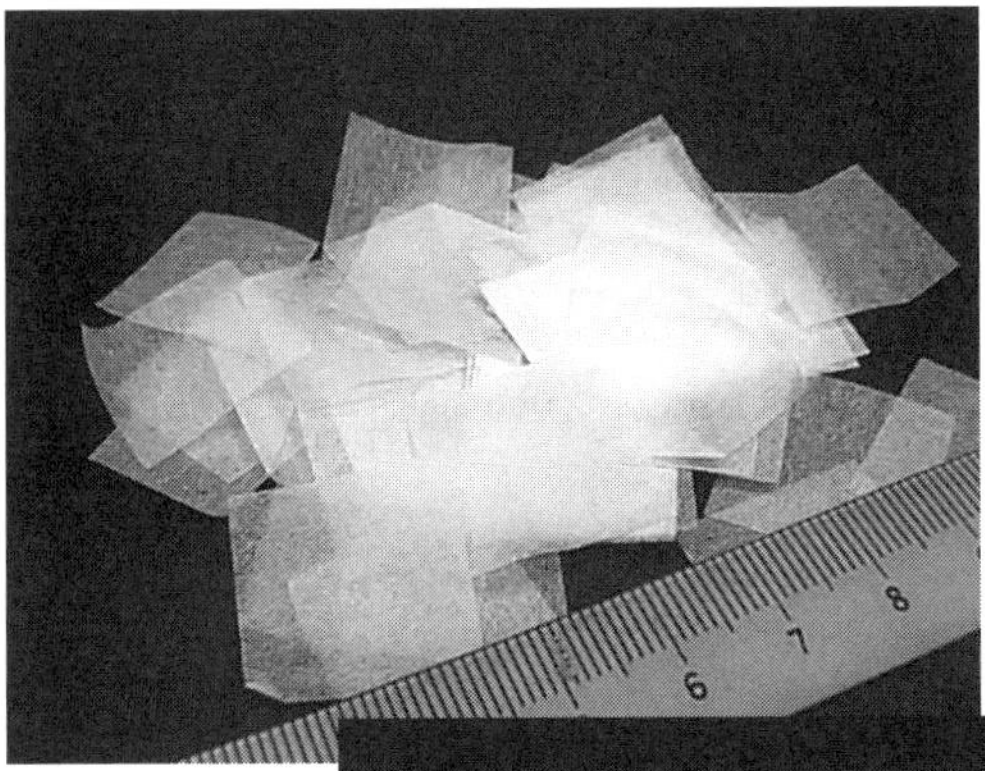

紙でつくった雪、ペーパー・スノー。現在はあまり使われなくなっている。

エコスノーの原料はトウモロコシ。口に入っても危険はない。

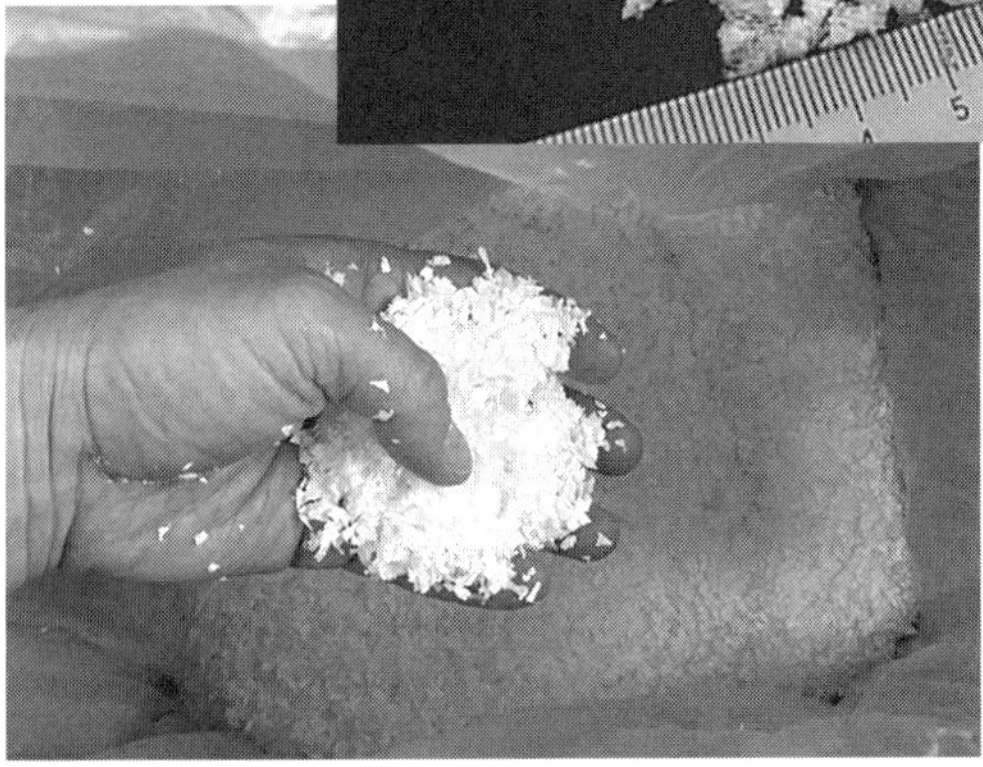

ショー・スノーは粒が細かく、静電気が出ないため、あちこちに付着しないのがメリット。

アメリカではさまざまな種類の雪が開発されていて、インドア・ディスプレイに使う、特殊な素材を使用した静電気が出ないスキャター・スノーがずいぶん昔から活躍している。これは上から降らせてもとてもきれいである。そしてそのスキャター・スノーをもっと細かくした進化形のショー・スノーというものもある。

2017（平成7）年に『ビリー・エリオット～リトル・ダンサー～』というミュージカルを担当したことがあった。これは『リトル・ダンサー』の邦題で上映されたヒット映画（原題「Billy Elliot」）を原作とする作品の日本語版。吉田鋼太郎、益岡徹、柚希礼音など実力派俳優陣が参加したことでも話題を集めた。

そのときに演出家から指定されアメリカから輸入した雪がショー・スノーであった。ある著名アーティストのコンサートで専属装置家が降らせる雪の選定で難航していたとき、私が『ビリー・エリオット』で使用した残りのショー・スノーを見せて、即、決定したこともあった。

孫やひ孫から舞い込む仕事もある

父の代に酸京クラウドからクライアントを携えて独立していった元社員が多くいたことは述べた。けれども、そうした元社員も父と同じ〝境遇〟になっていることが多い。彼らが立ち上げた特殊効果会社の社員が、同様にクライアントを携えて独立した例がけっこうあるのだ。

いってみれば、オリジナルの酸京クラウドが「親」だとすると、「子ども」と「孫」、「ひ孫」の関係になるわけだ。そして、孫やひ孫にあたる特殊効果の会社から、大物アーティストやアイドルグループのツアーの助っ人仕事がわが社に舞い込んでくることがある。

最初はびっくりしたが、まあ、孫やひ孫にしてみれば、ルーツである「祖父」や「曽祖父」にはなんのわだかまりもないということなのだろう。そう私は解釈している。

つまり、うちから見て子どもや孫、ひ孫にあたる同業他社同士は、互いに人や機材の融通はしないようだが、うちは別枠のような存在になっているらしい。そのあたりは父の代から右腕となってくれているイベント演出部長がその〝人間力〟で対応してくれている。

われわれの業界で「ド派手系」と呼ばれる仕事がある。これは人気アイドルグループのコンサートの仕事を指す。

「ド派手系」の仕事の特徴はイケイケドンドンで拘束時間がべらぼうに長いことだ。

そうした「ド派手系」コンサートでもっとも危険なのは初日までの数日間だ。

運が悪いと、結果的に36時間拘束になってしまったという話を聞いたことがある。とにかく初日までの数日間、特殊効果の係は劇場入りしてから「待ち」が続くからである。けれども、いったんコンサートの流れが落ち着いてしまえば、朝9時に入って

22時、23時には終わるのだが。

アイドル人気が絶頂だった頃は、1日に4回公演、あるいは5回公演なども当然のように行われていたから、特殊効果の人間も大変であった。「行きたくないよ」というちの社員がこぼしていたのを覚えている。

だが、その一方、熱心に仕事をしていた担当者がのちにこのド派手系の仕事をかっさらって退社していくという、そんなことも許された時代もあった。

子どもたちの憧れ ヒーローショーができるまで

都心でのヒーローショー（キャラクターショー）の特殊効果も毎年行っている。2週間ほどの開催で、もうすでに10年以上になる。こちらの仕事は映画会社が発注元である。

このヒーローショーの仕事に参加している特殊効果会社、舞台監督、アクション監督、アクション俳優たちは、ひとつのイベントが終わると、次のイベント会場に向かうみたいな感じになる。

台本はすでに決まっており、演出家に「ライダーのこのキックで煙を出したい」という構想があれば、それを基にどのような演出をするかが決められてゆく。しかしなから最終的に予算を握っているのは施主（映画会社）なので、アクション監督と演出家は「そんなに使ったら叱られるかな」といった阿吽の呼吸で、うまく調整してくれる。

たとえば、その年のアクション監督から「雲海のシーンもやりたいんだけど」とか「ここはキャノン砲を使いたいんだけど、予算的にはどうでしょうか」といったアプローチがあると、サイフを握っている施主（映画会社）と相談し、実現するかどうかが決まる。

こうしたヒーローショーにはきちんとした制作スケジュールがあり、1ヵ月ほど前には台本もできていて、稽古もする。ここに出る俳優さんたちは前のショーにも出ているから、内容はすでに固まっている。それに音声の録音などの手はずも整っている。稽古を見に行ったこともあるが、私としては台本を見たほうがスピーディに仕事を進められる。台本を読み込み、流れを理解していれば、舞台監督からの「アクション監督はここで煙と言っているけれど、ここに酸京さん、仕込めますか」といった問いかけに即反応できるからだ。

煙やガスボンベの消費量などは、やはり現場に行ってリハーサルをやってみなければわからない。リハーサルを行い、さらに本番を2、3日こなしてみて、今回のガスなど消耗品の消費量が確定するわけである。1回30分程度のショーを1日4回もやるときには、昔の人気アイドルのコンサート並みの消費量になることもある。

ガスボンベに関しては、うちは同業他社に対して大きなアドバンテージを持っていると思う。というのは、同業他社はガス屋にガスボンベを外注しなければならないのだが、うちは実質的に自前で現場に運搬、微調整もできるからだ。

先にふれたように、私の母の実家が北品川で、2019年8月に創業ちょうど100年目を迎えた雨宮産業株式会社というガスボンベ・ディーラーを営んでいる。私も取締役に名を連ねており、経営陣とはずっと家族同様の付き合いをしてきたので非常に心強い。

「何も決まっていない現場」はお断り

先の風船事件については、結果的にリスクがあったわけだが、特殊効果の仕事の依頼にはリスクが高いので、やりづらい、なるべくならば受けたくはないといったものもある。

あるとき関東の地方都市の医療グループから「費用は青天井、1日だけでいいから花火をバンバン上げてくれ」という依頼があった。

さっそく見積もりのため、現地に向かった。屋外なのだが、打ち上げ花火の場合は40メートル程度上がることから、発射地である医療グループ敷地内と近隣民家との距離が問題になる。周囲が広大な田んぼならば、本職の花火屋を呼び、盛大に打ち上げたほうがいいに決まっている。

ところが、このときの現場は、花火の発射場と周りの民家がかなり近い。消防法で定められた「離隔距離」ぎりぎりである。

花火を発射する地点と客席あるいは民家との「離隔距離」が厳しく設定されているのは、花火を打ち上げたとき、不幸にも燃えなかった黒玉やカスが落下してくる可能性があるからだ。これに当たると大変な事故になりうるので、当日の風向きも考慮しなければならない。

この件についてはなんとか諸々の条件をクリアでき、気象にも恵まれたため、クライアントにも集まったお客様にも楽しんでもらえたけれど、状況に応じて変更せざるをえない案件であった。

もっとも危険な現場は？

いま挙げたのは特殊例だが、引き受けかねるのは、危険な現場よりも「何も決まっていない現場」である。これについては、私としては積極的にお断りしようと考えている。

機材の台数や発射するテープの本数・色の種類は決まっているけれど、仕込み場所をプロである酸京クラウドの人間でなく現場で決めさせてもらえないか。あるいはスイッチ押しを酸京クラウドの人間ではなく現場の誰かに押させたい。そう言ってくる舞台監督さんもたまにいるわけである。もちろん使用するのが火薬でない場合にかぎっての話だが。

シャボン玉やキャノン砲であれば、その出し物において、われわれよりも何倍も正確なタイミングを会得されている舞台監督さんに担当者の肩を叩いてもらったほうが間違いがない場合もあるが、それはあくまでもまれなケースだ。

われわれが困るのは、「誰がスイッチを押すのかは、向こうに行ってから決めるから」と言われる場合である。これは非常に困る。

また、現場のタイムスケジュールを主催者（施主）側が知らせてこないとか、非常に曖昧な場合である。

なぜなら、こんな経験があったからだ。1000人規模で行われた企業研修会に呼ばれたうちの社員たちは、仕込みを終えた数台のキャノン砲を前にずっと「待ち」時間を過ごしていた。連絡のないまま佇んでいるとき、突然、研修会に参加していた若者たちが目の前に津波のように押し寄せてきた。地面に置かれてあるキャノン砲が取り囲まれ、異様な大騒ぎになった。

当然ながら、社員たちはひどく動揺した。「そんな話は聞いていない！」のだから。あとでわかったのだが、やはり相手側がタイムスケジュールをきちんと決めていなかったのが原因で、研修参加者たちがわれわれの仕込み場所に雪崩れ込んできてしまったのだった。こうした不測の事態の発生を、私は経験上いちばん嫌う。

よって私は数年前から、「予定を大幅に変更する場合はお断りさせていただく場合があります」と見積もり書に書くことにしている。

相手側から「現地に行ったら手伝う人はいくらでもいますから」と言われるのは最悪の事態を招く。私の経験上、そんな人がいた試しは一度たりともないからだ。

「今回は小峰さんひとりで来てもらえますか。現場に行けば機材降ろしの手伝いが必ずいますから」と言ってくる人にかぎって、私が、「それは誰ですか？ 名前を教えてください」と聞いても答えてこない。現場に絶対にそんな人はいない。

機材を降ろそうにも、うちが忙しい時間帯は、他のスタッフも忙しいからである。

第3章

特殊効果という仕事

「長い待ち時間」は特殊効果業の宿命なのか

われわれ特殊効果業者はある〝宿命〟を抱えている。それは膨大ともいえる現場での待ち時間である。

たとえばスポーツ関連の大きな現場では朝4時頃に会場入りし、仕込みをする。試合に臨む選手たちが練習を開始する前に仕込みを終えなければならないからだ。仕込みを終えると試合が始まるまで「待ち」が続く。

ホテルの式典・宴会の仕事なども同様である。遅くとも朝7時に現場入りして、1時間で仕込む。8時から9時までリハーサルをして、9時からお客さんの入場が始まり、10時から2時間程度の式典が行われる。

直後から14時まではドンデン・タイムとなる。ドンデンとは前の行事の終了後、次の宴会の準備を短時間で行うことを意味する。「どんでん返し」からきているようだ。式典後のパーティを同じ会場でする場合や、お昼の披露宴と夜の披露宴がある場合など、ドンデンを行う機会は多くある。

いずれもお客さんにいったん退場してもらい、それまでの厳かな式典から大騒ぎの宴会や表彰、発表会などに移行するための準備を大急ぎでするわけだ。それから宴会が始まる。そして宴会のラストの場面でキャノン砲の出番となる。

このように待ち時間は膨大なものにならざるをえない。

待ち時間の長さではヒケを取らないのが、芸人の世界であろう。彼らも他の人の出番が終わらないかぎり、自分の出番は回ってこないわけだから、さぞかし時間を持て余しているはずだ。

吉本興業がNSCを設立した理由

昨今、吉本興業の闇営業問題が世間を騒がせたが、芸人を養成してお笑いビジネスの世界に送り出す吉本興業と、われわれ特殊効果業には共通の課題があるような気がするので、考察してみたい。

これは吉本の話だが、やはり芸人で伸びる人たち、特に漫才や漫談などで頭角を現してくる人は、「待ち」の時間帯においてもアンテナをしっかり張ってネタづくりをしている。いままでは彼らを野放しにというか、野放図にアンテナを張らせてきたのだが、これからはもうちょっと組織化すべきではないのか。

それができないひとつのマイナス要素は、やはり吉本興業と芸人の間で〝正式な〟雇用契約書が交わされていなかったからであろう。

闇営業問題をきっかけに吉本興業所属の芸人が6000人いると聞かされて、「本当か！」と驚いた人も多かったにちがいない。

これは「吉本興業の芸人だと自分で思っている人は挙手してください」と聞くなら、吉本の養成学校のＮＳＣ（ニュースター・クリエーション）卒業者を含めればそれくらいにはなるだろうということである。言い方を換えれば、吉本興業の社員か社員でないのか線引きをしていないグレーエリアがあまりにも大きすぎるのだ。

本来、ＮＳＣという養成学校までつくって囲い込みをしているのであれば、吉本興業は彼らをきちんとトレーニングすべきなのだと思う。2年間だけ芸人の勉強をしたら終わりではないからだ。これからはライフロングラーニング、いわゆる生涯教育が不可欠なものになってくる。明らかに時代が変わってきている。芸人の世界同様にわれわれの業界も変わらなければならない。

吉本興業がなぜＮＳＣを設立したのか、私にはわかるような気がする。単なる未来の売れっ子、お笑い芸人の発掘にとどまらず、おそらく、ああした専門学校的な機関に入れることで、人との接し方、あるいは挨拶の仕方とか、講師を務める目上の芸人から社会通念や常識を教えてもらう場が必要だと考えたにちがいない。

とりわけ苦労を重ねて地位を築いたベテラン芸人からは戒めをもって、「こういうところはきちんとしろ」みたいに叩き込んでもらうのである。

いくら笑いを取る技術があったとしても、人間性や人柄の良さ、礼儀を含め社会人として基本的な人との付き合い方を備えていなければ、お笑いの世界においても通用しないということなのだろう。

トップアーティストに選ばれる基準は？

先に、未来のトップアーティストとして誰が台頭してくるかは誰にもわからないと記した。これは私の本音だが、そうであるなら、誰が出てきてもいいようにこちら側は特殊効果屋として万全の準備しておかねばならない。

そうすると未来のトップアーティストに「この人と組みたい、仕事がしたい」と思ってもらう決め手は「何か」ということになる。

こいつは仕事のスキルを持っているだけで、どうも周りとの付き合いが悪いとか、挨拶もろくにできないとか、そんなのは駄目だろうと思うわけである。

「顧客満足が高い」にはレベルがある

新規のクライアントにも、古くからのクライアントにも「また、お願いしたいと思われる」もしくは「ずっと酸京クラウドにお願いしたい」と言われるような存在になる。これは私、つまり酸京クラウド社長としての究極の目標である。

クライアントから絶大なる「信頼」を得るためには、「顧客満足」は必須だ。

私は「顧客満足」は2種類あると考えている。ひとつは、「施主＝クライアント」の顧客満足である。

仕事をさせていただいた劇団四季であったり、ジャニーズ事務所であったり、イベント開催会社であったり、結婚式場であったり、お祭り会場から「再び問い合わせが来る」「次の発注が来る」のは、わかりやすい「顧客満足」の結果である。

そして、「あなたともう一度、現場で仕事がしたい」と言われるのも、わかりやすい「顧客満足」の結果といえる。しかし、このレベルではまだ「顧客満足が高い」とはいえない。

なぜなら、「酸京クラウドは会社＝組織」だから、○○さんだから、ではなく、「酸京クラウドさんだから（＝会社の誰であってもＯＫ。どの社員にも仕事を渡せる、託せる）」これができて初めて会社として「施主であるクライアント」からの顧客満足が高い、あるいは高まったといえるのではないか。

つまり、属人的（その人でないとできない）業務が多数・広範囲におよび、それを減らす努力・傾向が見えないなら、企業体質としては古いということだ。いつまでもそうした時代に取り残された体質では、将来に向けて「存続できない」「生き残れない」集団ということになる。

そして、もうひとつの「顧客満足」は、われわれが黒子を務める会場に「入場・体験されたオーディエンス（観客）」の顧客満足ということになる。ＳＮＳが普及したいま、ツイッターやインスタグラムなどさまざまな表現方法で誰もが感想や体験を「発信できる」時代になった。

とするなら、「オーディエンス」の顧客満足とは何か？　ずばり、「こんな（コンサート、舞台、イベント）演出を初めて見た。凄かった！」と感激したSNSの投稿が引きも切らないような状況をつくることである。

特殊効果コンシェルジュⓇ制度をつくる

先般、伝統工芸の世界できわめて興味深く参考になったテレビ番組を見た。京都の提灯屋を継いだのが十代目の息子2人だったのだ。それまでは伝統的に後継者は1人であったのが、ここは2人が継いだのである。

それで何が起きたのか。後継者が1人ならば初めから仕上げまで1人でしなければならないのを、この兄弟は分業制にしたのだ。ここに注目すべきだ。具体的には、竹を割って提灯の骨組みをするところまでが兄の仕事。組み上げて、商品として仕上げるのが弟の仕事。面白いのは、２人の分業作業により、提灯の生産量が2倍になったことだ。

伝統工芸の世界においても知恵を絞れば、品質を落とさずに合理的な生産を実現できるという好例だと思う。この兄弟の技量はドイツであればマイスタークラスで、仕事に誇りを持てて収入も高い。

さて、私がずっと温めてきたアイデアがある。それは「特殊効果コンシェルジュ®」制度の導入で、ネーミング自体はすでに商標登録済である。

先にもふれたように特殊効果の業界はかねてより職人に近い「口伝」の世界で、先輩から「それはやったら駄目」とぴしゃりとやられながら仕事を覚えていく。かくいう私もそうして育ってきた。「えっ、おまえ、そんなことも知らないのか」と言われながら覚えていくのだ。

同業他社の連中に聞いても、うちと似たり寄ったりであった。

私は毎年、関係省庁の講習に会社代表として参加している。警察や東京都庁の人の話、事故事例などを聞くたびに、こうした話を授業のカリキュラムとしてまとめ、社内に定期的な講義を持ち、うちの社員に浸透させたいと思ってきた。

特殊効果の基本的な知識の確認から始まり、「火薬の章」、「キャノン砲の章」、「高圧ガスの章」、「機材の歴史の章」といった章立てで展開するテキストをつくるのである。

仕事の関係で講義に出られない社員には「Eラーニング」を提供したい。仕事の合間の待ち時間にでも、それを見られるようにするのだ。

軌道に乗ってきたら試験を行ってもいいし、「特殊効果コンシェルジュ®認定制度」にしてもいいし、そこで資格給制度を導入してもいいだろう。

さらに広い視野を持てば、特殊効果の業界でスタンダードとなるようなトレーニングというか、人材育成を行っていく仕組みをつくりたい。

なぜ私が「特殊効果コンシェルジュ®」にこだわるかといえば、これから特殊効果に携わる人には職人の知識だけでは不十分で、経営や採算についてもわかっていないと難しくなると思うからだ。

何度も書いてきたが、特殊効果の業界は人材の〝融通〟が多いわけで、良い意味でいえば、緩やかな連合のなかで他社と一緒に仕事をする機会がある。

仮に「特殊効果コンシェルジュ®」が業界のスタンダードとなれば、他社に人材の支援を仰ぐときの目安にもなる。

「『特殊効果コンシェルジュ®』を持っている人に来てもらいたい」と頼めばいいのだから。

特殊効果をもっと多くの人に身近に感じてもらいたい

一般の方から「こういう演出をお願いしたい」と連絡を受けるとき、仕掛けのランクによっては、量販店で材料を買って自作するほうが安く済む場合もある。その場合は「わざわざうちに注文する必要はありませんよ」と私は会社代表でなくコンシェルジュの立場から提案している。

私の経験や知識で、多くのクライアントの役に立てれば嬉しいし、特殊効果をもっと世間に身近な存在にしたい。われわれがいなくても「特殊効果ができた！」と思えるような商材を増やすのが、短期的な目標だ。

酸京クラウドでは、手軽に特殊効果を楽しめる「ハンドガン・キャノン砲」を販売している。酸京クラウドのホームページより。

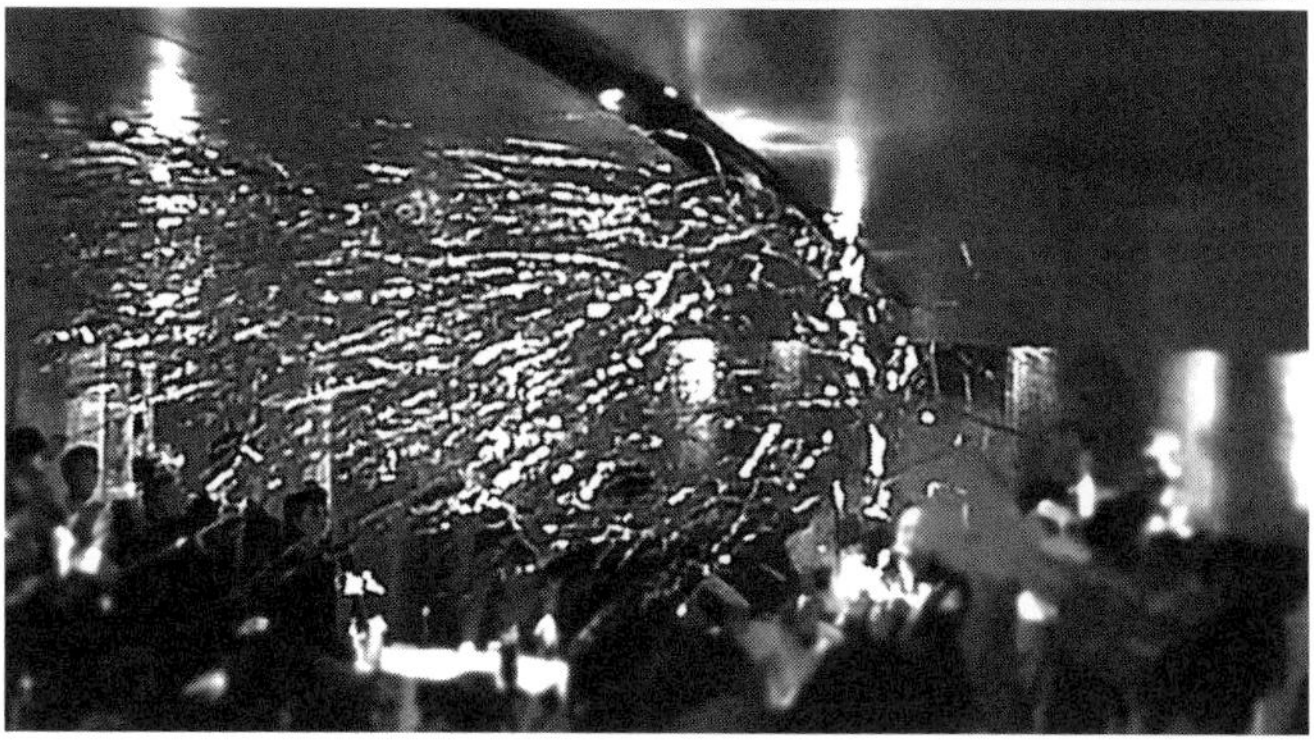

ハンドガン・キャノン砲は、引き金を引くだけで、派手にテープを飛ばすことができる。写真は幅10ミリ×5メートルの銀テープを200本、7台のハンドガン・キャノン砲から打ち出した様子。

うちではちょっとしたクラッカーを売っている。「ハンドガン・キャノン砲」である。安全ピンを抜いて引き金を引けばテープが飛ぶもので、飛距離は車1台を飛び越える程度。再装塡による事故・不具合が起こるのを回避するために、使用は1回限定にしている。お客さんからの電話で話を聞いて、「そういうイベントであれば、ハンドガン・キャノン砲の購入という手もあります」と提案する。われわれが出張すれば、東京都内だと想定しても、かなりの費用がかかってしまうから、こういう方法もあると示すわけである。

たとえば、キャノン砲2台でうちの社員が出掛けていき、1日渋谷公会堂で拘束され、リハーサル、本番を行うならば、安くても11万円以上の金額を請求することになる。けれども、ハンドガン・キャノン砲を購入すれば、会場の上下《かみしも》の2カ所（2台）から発射しても3万円程度で済む。

学園祭などではそれで足りる場合もあるし、ハンドガン・キャノン砲であればネットから買うこともできる。また、これならうちに常時在庫があるから、総務部が注文を受ければ、宅配便ですぐに送ることができる。

あとはうちでは「CO_2らくらくリース」というボンベのレンタルを行っている。これは大型ボンベの4分の1の大きさのレンタル用ボンベを宅配便で送るサービス。レンタル料は1本7000円。メール、電話でオーダーしてもらえば、1週間から10日で届けられるようになっている。

舞台関係には女性の志望者が急増　求人アクセスの9割を占める

マスコミや求人誌の取材を受けるとき、必ず聞かれることがある。

「御社ではイベントの演出担当に女性が従事されているけれど、特殊効果の現場で女性であることがマイナスになることはないのですか？　たとえば重い機材を運ぶ場面などではハンデとなるようなことは？」

私はこう返すことにしている。

「たしかに物理的なハンデは決定的にあると思う。特殊効果に使う道具が重いときは大変で、大型の二酸化炭素ボンベは80キロもの重量がある。だが、それを除けば、女性にもチーフ、経験を積めばリーダーも務められると思う。今後はロボットとか産業用パワーアシストスーツなどを積極的に導入、女性の負担を軽減していくことで、どんどん女性に向けて特殊効果業の門戸を開放していきたい。弊社は、特殊効果の仕事は、技術業ではなく〝サービス業〟だと考えているからだ」

パワーアシストスーツについては需要が急増しているようで、販売価格にも反映している。少し前まで一着25万円程度していたのが最近は12万円まで下がっており、今後はより身近な存在になっていくのであろう。

実際、「酸京クラウド」の求人には、女性からは信じられないほど多くの応募がある。これは手前味噌でも誇大表現でもない。

たとえば2019（令和元）年4月に日本工学院専門学校において合同企業説明会を行ったところ、ありがたいことに酸京クラウドのブースに80人もの若者が集まった。内訳は男性が10人、70人が女性であった。これまで計5回、合同企業説明会に参加させてもらったのだが、この比率はまったく変わらなかった。

また、リクナビダイレクトのサイトを検索すると酸京クラウドにアクセスできるようになっているのだが、ここ3年、アクセスしてくるのは9割以上が女性だ。

これは酸京クラウドにかぎったことではなく、劇団四季も、同業他社も、照明会社も、音響の会社も、舞台道具関連会社も同じ傾向にある。

もちろん憧れの気持ちもあるのだろうが、それよりも表には出たくないけれど、〝表現活動〟に参加したいという気持ちが、特に若い女性のなかに強くあるのではないだろうか。

舞台現場の裏側を支えるのは女性

たとえば劇団四季のミュージカルには各々、照明チーム、音響チーム、道具チームが編成されているが、いずれも女性の活躍が際立っている。このように劇団四季の裏側を支える役割を、女性がどんどん担ってきているわけである。

女性の舞台監督も増えており、私が知っているだけでも3、4人はいる。それら女性舞監の下についているのも女性だ。照明については全員女性のチームまで出現している。

そのうちに劇団四季のほうからもうちに対して、チームとして組むときには女性を送ってくれとオファーされる日が来るのではないか。

みなさんも劇団四季のミュージカルに行かれたら、女性の観客が圧倒的に多いことにびっくりすると思う。そのエネルギーに圧倒されるはずだ。彼女たちの多くは「四季の会」のメンバーである。リピーターたちが四季を支えているのだ。

マクロビオティックの社員食堂の開設

特殊効果の業界は機材が重く、また現場が決まってしまえば代えのきかない仕事であるから、体調管理はことのほか大事だ。しかし、わが社の若手社員は現場仕事で、男女問わず食生活が偏り気味。そこで、マクロビオティック専門の社員食堂を設けた。社食の名前は「カフェテリア39」。39はわが社の社名の酸京（サンキョー）にかけた洒落である。無農薬野菜、無肥料無農薬無耕作の玄米、食品添加物の入っていない本物の味噌、調味料を使ったマクロビオティックの食事を週3回、正社員、契約社員、アルバイトを問わず、全員に提供している。

この試みは、これから将来に向けてさまざまなことを整備している一環であり、社

社員に提供しているマクロビオティックの昼食。この日のメインはサーモンフライ。タルタルソースも手づくりの優しい味。

員の定着をはかるためという意図も当然ながら含まれている。

キッチンで腕をふるってくれるのはマクロビの料理教室の先生である。私が見込んでスカウトしてきた。私自身もちょっとした下地がある。過去2年にわたり、マクロビオティック料理と陰陽五行の理論を学んできたからだ。

このマクロビ社食については、けっこうインパクトがあったのではないか。しばらく様子を見て、継続するかどうかを判断したい。そのつもりでスタートさせた。

なかなか評判がいいようなので、実際には長期スパンで続けるつもりでいる。

社員には家族の分も「お年玉」

酸京クラウドには同業他社にはない制度がある。先に挙げたマクロビ社員食堂もそうだが、お年玉制度もあるのだ。

父が急死した2003（平成15）年から酸京クラウドの経営者になった私は、当初、何をやっていいのかわからず、戸惑うばかりであった。ビジネスクライアント（興行主）も少なかった。主だったところは中島みゆきさん、ディズニー・オン・アイス、劇団四季くらいで、非常に不安だった。

そこで毎年、名前を覚えていただくために年賀状をとにかく出しまくった。

「自分は前社長・小峰邦男の長男で、父の会社を継いだ小峰聖という者です。宜しくお願い申し上げます」

事務所に30年分の住所録が残されていたので、それらをすべてエクセルに入力した。その間、離婚した妻はそっちのけで、本当に申し訳ないことをしたと、いまでも胸が痛む。

その数は1200枚におよんだ。うちの会社の規模からすればかなり多いほうだと思う。

始めてから6、7年経つと、返事をくれる人、まったく来ない人、メールで済ませる人にだいたい色分けできた。そろそろ「酸京クラウド」と「小峰聖」は浸透してきたので、もうやめてもいいだろうと考えた。

そのときたまたま年賀ハガキを見たら、1枚50円とあった。では1000枚出すと5万円か。そうだ、年賀状廃止を口実に社員たちにお年玉として配ればいいじゃないかと閃いた。お年玉袋には現金と各人に向けた私からのメッセージを入れて。

これを2011（平成23）年から自分のポケットマネーで始めた。1人5000円のお年玉だが、それだけではない。家族がいる人には家族の人数だけお年玉袋を渡す

お正月の恒例行事となっている、お年玉。社員の家族にも用意する。

ことにした。夫婦だけの社員には2袋で1万円、奥さんと子どもが1人いる社員には3袋で1万5千円という具合である。当社で最高にお年玉をもらっているのは子どもが3人いるA君で、5袋2万5000円が手渡される。

これは、社員の奥さんや子どもたちにも渡ることに意味がある。

特殊効果の業界は、良い意味でも悪い意味でも、家族主義で成り立っている傾向が強い。お年玉も、そうしたところから生まれている。給与にしても、年功序列型である。もっといえば、職人さん型、職人を育成していく形になっている。

だが、いずれ状況は変わっていくのだと思う。

ベテラン職人のカシラと話をつけたら下の者すべてがそれに従うかというと、いまはそういう時代ではない。

吉本興業ではないけれど、いまはファミリーの形が変わってきているのだろう。これから問われるのは「ファミリーの近代化」であり、そこに取り組んでいかねばならない。

他山の石ではないが、吉本興業の事件を隣の芝生ではなく、逆に〝枯れた〟芝生と見なければならないわけである。

「記憶」よりも「記録」を重視

私は発信手段としてブログを使っている。これは当然、社員全員がチェックしている。あとは社員向けのイントラネットがある。大企業では当然だろうが、中小企業ではなかなかそこまでやっているところは少ないのではないだろうか。

デジタルとアナログをうまく融合させるのが、これからの課題である。

2017年（平成29）年にホームページを刷新したとき、ずっとやってみたかった「隠し資料ページ」をつくった。正確にいうとそれは3つあって、第1段階は誰でも見られる、各種資料集。見せてもいい機材の話や、リキッド（スモークマシンなどに使う溶剤）の証明書などのPDFが載っている。あとは私が制作した動画一覧が続く。

大企業、上場企業はこうしたものをいっぱいつくるのだが、結局、情報がありすぎて埋もれてしまう。どう使っていいのかわからなくなってしまいがちで、かえって機動力が落ちる。

第2段階は、お得意様だけが見られるもの。ここは充実しており、かなりマニアックなつくりになっている。メインユーザーは劇団四季の舞台部や小道具部門にいるすべてのスタッフ。これをスマホで見るのはほぼ全員が技術者で、現場の裏方を務めている人たちだ。

こうしたトラブルに対してはこういうふうに対処するとか、取扱説明書のPDFがたくさん並べてある。

また、ある機材は決まった箇所、決まった時期に調子が悪くなりやすいといったことも把握しているので、機材別のエラー表示の一覧表、および、ここを修理したらいくらかかるといった修理料金表などを載せている。お客様からの「修理の問い合わせ」にも丁寧に対応できるようにしてあるのだ。たとえば、「ポンプの交換費用はいくらか」といったものから、「こんなトラブルで、北海道から機材を送って修理をお願いした

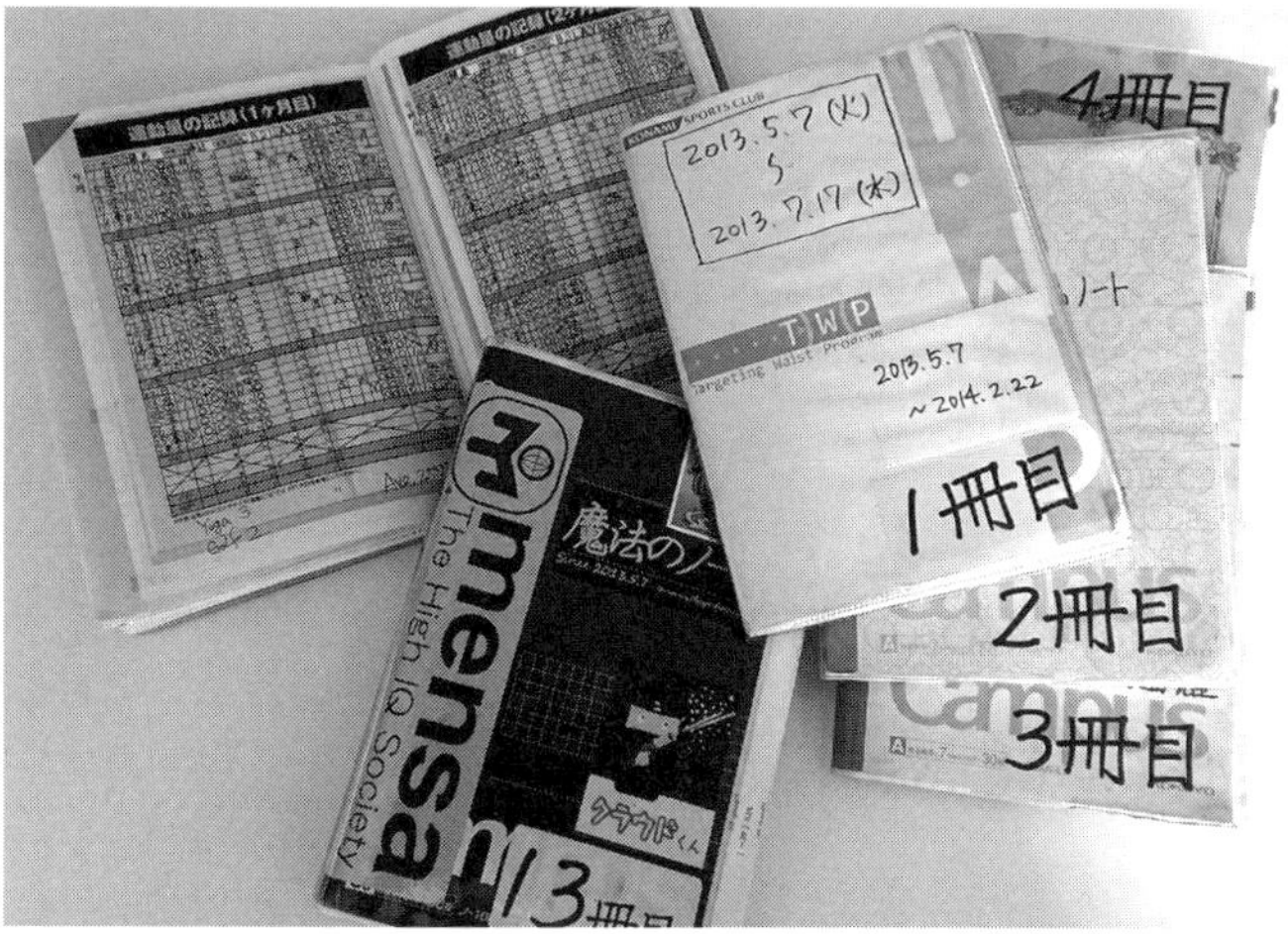

「記憶より記録派」の私は、なんでも記録する。これは私物の手帳。仕事上のことはもちろん、ジムでのトレーニング内容や1日の摂取カロリーなども記録している。

いのですが、費用はいくらですか？」という問い合わせにまで応じられるように、細かなリストを載せてある。

ここにはもちろん、パスワードがかかっている。

私は性格的に、覚える、記憶するのが苦手だから、断然「記憶よりも記録派」である。オムロン・ソフトウェアに入社したときに教わったのは、「脳ミソは記憶するよりも考えるほうに使いなさい」であった。私も同感で、記録する道具は超積極的に使っている。

実は私は記録魔で、「何月何日に壊

れた機材の修理依頼があった。うちに送るときは、宅配便ではこういう手順に則ってやってくださいと伝えた」といった細かなことまで記録を残すようにしている。先に示したうちのホームページの情報にもこうした記録が大いに役立っている。

第3段階は、酸京クラウドの社員向けイントラネットである。ここには社長メッセージだとか、経営側が決めたこと、こんなトラブルが発生したのでこうしようといったメッセージが載っている。これも大切な情報共有だと私は思う。ここにも当然、社員にしか与えないパスワードがかけられている。そしてわが社に退職者が出ると、パスワードを変更することになっている。

これも私しか書き換えができないようにしてあるので、他者は改竄や勝手なことは書けない。

なぜいまさら「社員手帳」をつくるのか

酸京クラウドでは「社員手帳」を発行し、各社員に持ち歩いてもらおうと考えている。いまさら社員手帳かと思われる方もいるだろうが、私はその逆で、思いついたらパッと書ける〝アナログ〟の良さを再確認したのだ。

社員手帳の発行の意図はもちろんそれだけではない。

酸京クラウドの社員として何をすべきかが、その手帳を見たらわかるようなつくりにする。わかりやすくいえば、「防災手帳」みたいなものかもしれない。ふだんは気にしていないが、「あれっ、こういうときはどうしたらよかったのか?」といった場面で参照する防災手帳のような存在。手帳なので、半分は本人のスケジュールなどを書き込めるようにするのだ。

この酸京クラウド手帳は会社からの貸与品とする。つまり、社員全員から会社側に戻してもらえるルールにしていく。そこに社員一人ひとりの要望や提案や考え方を書き込んでもらいたいと考えている。

当然ながら、私には会社に対するロイヤリティを高めてほしいという気持ちがある。社員にこれはいいなと思ってもらえるモノを提供できれば、定着率も上がるのではないか。そんな意味も込めて、社員手帳の貸与を始めたいと思った。

ある方に「うちは2020（令和2）年から貸与式社員手帳を始める」と明かしたら、こう返された。

「小峰社長は記録魔でしょう。その記録魔的な性格が強く反映しすぎたりはしないですか。たとえば、自分の目標設定と実際の進捗具合とか、今週は何をやったかとか。逆スパルタ手帳みたいになるのが心配だ」

私は苦笑するしかなかったが、私個人としては仕事に関する目標設定は絶対に必要だと考えている。いままでのトップダウン型の目標設定、あるいは目標管理制度がう

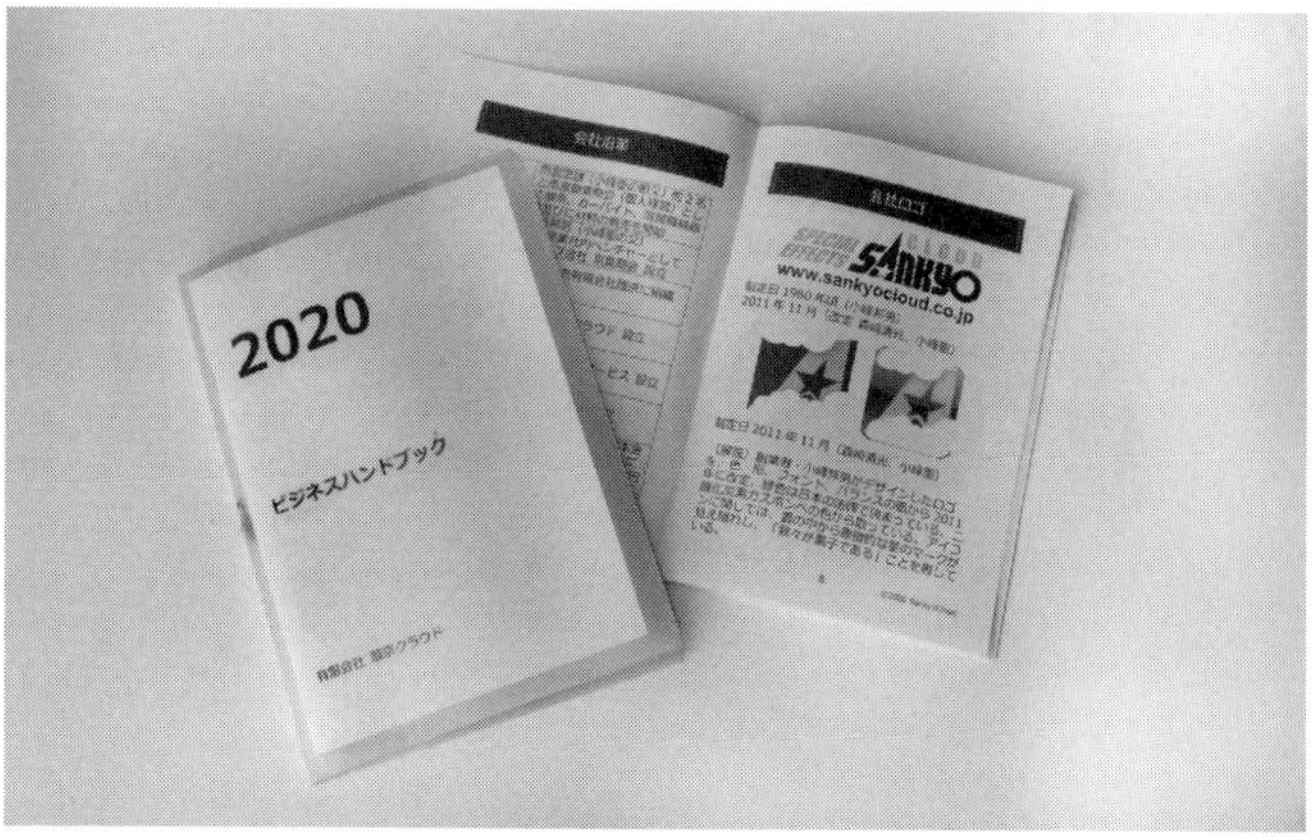

酸京クラウドの社員手帳。使いながら改良していくつもりである。

まくいかない最大の理由は何か。すり合わせが終わらないまま、先に進んでしまっていることだ。

そうではなくボトムアップ型というか、自分が達成したい目標を出して、社員手帳に書いてもらうわけである。

それも中身が毎年毎年進化するような形にしたい。だから、厚みも毎年加わっていく。「有事の際には何をすべきか。平時には何をするのか」、社員手帳が、自分を見失いそうなときに暗がりを照らす〝カンテラ〟のような存在になれば、社員が肌身離さず持ち歩けるものになるのではないか。私はそう思っている。

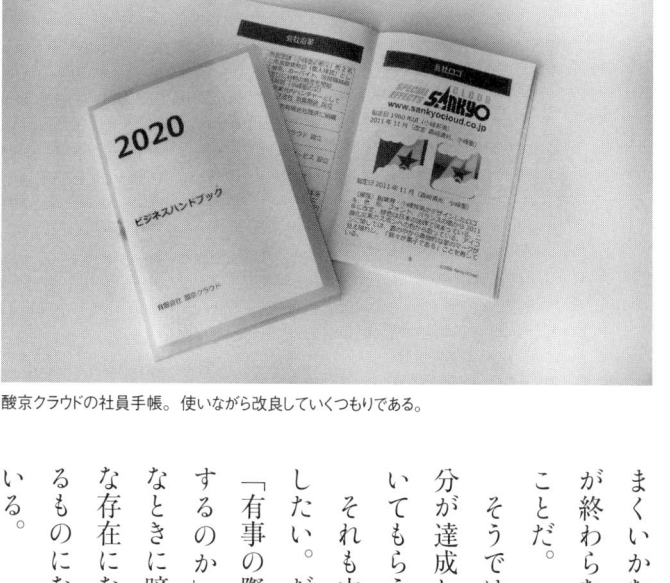

クライアントに特殊効果を提案するために

これは自省を込めていうのだが、酸京クラウドを含めた日本の特殊効果会社のほぼすべてが「受注型」になってしまっている。自ら取引先に積極的に提案するのではなく、先にもふれたように、施主（興行主）があって、彼らにつながる制作会社があって、そこから特殊効果会社に発注がなされるという、一方通行の流れが定着している。

これまではそれでよかったかもしれないが、エンタテインメントの世界で伸びていくためにはそこから脱皮して、「提案型」産業を目指さなければならない。

ドラッカーが述べているように、これを可能にするためにはクライアントのニーズをつかみ、要望に応えられるようにするマーケティング力の養成が不可欠となる。

前述した「特殊効果コンシェルジェ®」はその一環で、「いいえ、それを実現したかったら、この手があります。あるいはこういう別のやり方もあります」という提案ができる社員を増やしたいという戦略を下敷きにしている。私は、ここに活路があるのだと思う。

提案型になるために会議の行い方も変えてゆく。従来はそれぞれの現場に入っている社員からの「実はこんなことがあった」とか、「こんなトラブルに対処した」とか、過去の報告に時間を費やしていたのだが、それを「未来会議」に切り替えることにした。

そうすると社員たちは必然的にクライアントの情報を現場から吸い上げてこなければならない。クライアントが何をしたいのか、目指しているのか、3ヵ月後、半年後のクライアントの目論見について情報収集するわけである。

なにも受注型から提案型への変身を難しく考える必要はない。空き時間に現場監督さんや現場担当の人たちと話して舞い込む情報から、そうした手掛かりは得られるものだからだ。肩ひじ張った営業などしなくとも、雑談のなかで相手のニーズをつかみ取り、「うちだったら、こんなこともできますよ」と先手を打つなら、「えっ、そんなこともできるの?」という展開になるはずである。私自身、新入社員時代に現場でそういう経験を何度も味わっていることはすでに述べた。

そして、われわれが目指すのはホロニック・マネージメント(holonic management)。耳慣れない言葉かもしれないが、要は組織と個人が有機的に結びつき、全体も個も生かすような経営を意味する。

生物は個々の細胞が自主的に活動して独自の機能を発揮する一方で、そうした個が調和して全体を構成する。これを企業組織のあり方にあてはめたもので、ホロン経営とも呼ばれる。

脳がセンターにあって、各神経がそれぞれ伸びていて、最終的に五感でものを感じる形がホロニック組織、あるいはピラミッド構造といわれるものなのだが、これをあらためて社内に構築するつもりだ。

それぞれの現場に従事する社員は、われわれの五感と一緒で、実際に何が起きているかをもっともよく理解している。これまでの現場はホロニック組織とは逆で、現場に脳と五感が同居する、良くも悪くも自己完結型であり、それが特殊効果業の伝統とされてきた。すると、現場はどうしても閉じがちとなる。

そこを改革することにした。私がいる管理部門にすべての情報が集まるように変える。

具体的には、これまで行ってきた現場での見積もりの作成をやめる。見積もりは管理部門にすべて任せる。そうすると、現場と管理部門が情報を共有化しなければ、見積もりはつくれなくなる。管理部門で一元管理していると、機材を貸し出すときも、ここに必ず情報が上がってくる。

以上のように、組織をホロニック型に変えてゆき、機能を分担していく組織にしていくことを考えている。

第4章

エンタの本場！ブロードウェイ視察

5年ぶりのニューヨークと42年ぶりの大停電

2019（令和元）年8月、久しぶりにニューヨークを訪れた。ミュージカルの聖地ブロードウェイの観劇視察である。

今回のニューヨーク滞在は7泊。最終日を予備日にして、『アナと雪の女王（FROZEN）』と『オペラ座の怪人』と『アラジン』の3作のミュージカルは日本から予約した。特殊効果に携わる人間として、これらは絶対に見逃すわけにはいかないからだ。

到着した翌日、ビーガンカフェでグルテンフリーなカレーを食べたあと、かつてレオナルド・ディカプリオがお忍びで通っていたというカフェでお茶をし、楽しく半日を過ごした。

『アナと雪の女王』の開演時間も迫ってきたので、地下鉄ではなくタクシーに乗ったら、ひどい渋滞でいっこうに動かない。おまけに渋滞のなかを消防車が引っ切りなしに追いかけてくるので、そのたびに通さなければいけない。

それでも開演の20分前、19時40分くらいには劇場にたどり着き、約束していた知人と会った。それにしても街中が人であふれて賑やかだ。いや、賑やかすぎて、ただならぬ空気に覆われている。

そのとき劇場の人から「ブロードウェイエリアが停電に見舞われた」という話が聞こえてきた。停電発生は18時50分頃らしい。ちょうどタクシーに乗り、消防車を眺めていたころである。あとでわかったことだが、私が乗るタクシーを追い抜いていった消防車は、今回の停電の原因となったニューヨーク変電所に向かっていたのだ。

タクシーでなく地下鉄を選んでいたら、いまごろ途方に暮れていただろう（なにしろ復旧したのは22時半過ぎだったのだから）。

「本日の上演は取り止め」とのアナウンスで劇場外に出ると、同じように停電で、各劇場から出てきた人たちの波に飲まれた。

正式に「本日の公演は取り止めとなりました」との劇場側のアナウンスメントがあったのは20時15分頃だった。このエリアには40ほどの劇場が建ち並ぶのだが、おそらくすべての劇場がこの災難に遭遇したはずである。

今夜の観劇が中止になったのは仕方がない。ところが、なんと私が泊まっていたホテルもすぐ向かいにあり、停電エリア内であったことから、しばらく雑踏のなかをさまようことになった。ブロードウェイエリアのこちら側はブラックアウトだが、通りの向こう側は華やかな光に彩られているというなんとも不思議な光景である。

信号が変わった。私は通りをまたいで停電

を免れた、少し離れたホテルに避難することにした。

こうして私は5年ぶりのニューヨークで、実にニューヨークでは42年ぶりという大停電に出くわしたのだが、知人が第1日目をフイにした私を案じてくれ、予定よりも多く観劇できるよう手配してもらえることになったのは幸運であった。

ブロードウェイで念願の『アナと雪の女王』を初観劇

観劇視察初日に観る予定だった『アナと雪の女王』（以下『アナ雪』）は、幸運にも翌日曜日の夜のチケットを手配してもらえた。客席はほぼ満席である。

本場のブロードウェイだけあって、役者はみな一流のプロである。歌も申しぶんなく上手だ。ブロードウェイの層の厚さを感じる。

『アナ雪』は日本でもここ5年ほどディズニー・オン・アイスで上演しているので、主要ナンバーは何百回も聴いている。その私でも聞きほれるほどの歌唱力だった。

私の専門の特殊効果については、火薬は使わず、プロジェクション・マッピングやLED照明がふんだんに使われていた。知人の説明では、そうとうな投資がなされて

『アナと雪の女王（FROZEN）』を上演している、セント・ジェームズ・シアター。上は上演が始まる前の劇場内。中は劇場の外観、左はポスター。

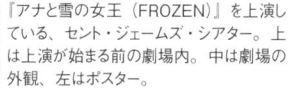

いるという。たとえるなら、ディズニーランドで半時間程度のエンタテインメントショーを行っているが、あれの延長線上のような演出といえばわかりやすいだろうか。

私は２０１４（平成26）年12月、ギリシャの首都アテネで、『アナ雪』がディズニー・オン・アイスで初めて上演された公演を観ている。そのときは火薬を多用していた。70発は使っていただろうか。空中にたくさん吊られたエア・バーストという火薬をバンバンと破裂させ、きらめくブルーの色彩を見事に浮き上がらせていた。

その演出がとても強く印象に残っていたが、今回のプロジェクション・マッピングによる色彩豊かな演出も、きわめて新鮮であった。

『アナ雪』にはアナとエルサの幼少時という設定で子役が出てくるのだが、子役もなかなかよかった。子役は第２幕の回想シーンにも出てきていた。

この『アナ雪』については、２０２０（令和２）年９月より劇団四季が上演することが決まった。酸京クラウドも参加することになっている。またイチから新しい取り組みが始まる。クリアしなければならない課題もいろいろ出てくると思うが、それだけに初日を迎えたときの感動も大きい。いまから楽しみである。

『アラジン』の優れたエンタテインメント性を再認識

翌日の月曜日は『オペラ座の怪人』を観た。これは掛け値なく素晴らしいものであった。さすがブロードウェイにおける歴代最長ミュージカルだけのことはある。

日本では酸京クラウドが劇団四季に火薬を提供しているので、フレームという火薬について、ブロードウェイのオリジナル版で確認できたのは収穫であった。

ちなみにブロードウェイの歴代ロングランミュージカル・ベストテンは以下のとおり。

第1位　オペラ座の怪人

第2位　シカゴ（再演）
第3位　ライオンキング
第4位　キャッツ
第5位　レ・ミゼラブル
第6位　コーラスライン
第7位　オー！　カルカッタ！（再演）
第8位　マンマ・ミーア！
第9位　美女と野獣
第10位　ウィキッド

火曜日には『アラジン』を観た。これも良かった。私はすでに10回以上観ており、英語の台詞も手に取るようにわかるので本当に堪能できた。日本人よりもひと回りほど役者のサイズが大きいことをあらためて確認する。

『アラジン』の大きな魅力は、ストーリーの骨格がしっかりしていることだろう。絶対的な〝悪〟が、主人公たちを絶対絶命のピンチに陥れる。そこでヒーローのアラジンが活躍し、ヒロインを守りとおすのだ。安心して観られるハッピーエンドであり、絶対的な悪に対して最後には勝利するという展開だから、やはり盛り上がり方に勢いがある。超満員のお客さんもかなり乗っていた。

特殊効果屋の視点から厳しくいえば、火薬を使う場面での発射タイミングが少し荒いとか、煙が片方の袖からは出ているが、もう片方からは出ていないといったことが気になった。こういったミスはアメリカではあまり珍しくないことで、観客もさほど気にしていないようだった。

『アラジン』は満席であった。ブロードウェイで開幕してから5年が経つが、まったく色あせていないのは本当にすごい。とにかくエンタテインメントとして非常に優れていると、あらためて実感した次第である。

水曜日に再び『アナ雪』を観て、木曜日は『アラジン』をもう一度観た。『アラジン』は本当に好きな演目である。

ブロードウェイは盛況で、今回観た演目はどれも95%はお客さんが入っていた。『アラジン』や『ライオンキング』といった作品は、ニューヨークを訪れた外国人旅行客が「ブロードウェイに行って『○○○○』を観てきたよ」と鼻高々に話したい。そういうお客さんたちが押しかけているようだ。

TKTSに見るブロードウェイの厳しい現実

ニューヨーク最終日の前々日、ブロードウェイ47thにあるTKTSに並んだ。TKTSはディスカウンターで、ブロードウェイミュージカルのチケットを半額程度で売っている（2019年9月、大阪・心斎橋にオープンし、日本上陸を果たした）。

「明後日の『アラジン』を買いたい」

とたどたどしい英語で頼んだところ、

「悪いけどうちでは『アラジン』は扱っていないんだ」

と返された。

なんだ、扱ってないのか。私は電光掲示板が映し出すプライスリストをじっくりと眺めてみた。なるほど、『アラジン』も『ライオンキング』もなかった。ロングラン歴代1位の『オペラ座の怪人』はさすがにあった。

有名なミュージカルでTKTSが扱っていないのは、『アラジン』『ライオンキング』『ハリー・ポッター』あたりのようである。

要は、売れているチケットは置いていない。売れ残りそうなチケットはディスカウンターのTKTSに放出されるのだ。ミュージカルの聖地、ブロードウェイの厳しい現実を垣間見た気がした。

大ヒット中の『リトルマーメイド』

ちなみに『アナ雪』に関してはツアー版も上演しているようである。ニューヨークの劇場の掲示板に、サンフランシスコやロスアンゼルスで公演ツアーを行うことが告知されていた。

ブロードウェイのミュージカルは、演出が若干異なるツアー版が制作されることがある。基本的に話の筋を変えたりすることはないが、地方での巡業に対応できるように演出が簡略化されることが多い。たとえば、大掛かりな昇降装置を駆使して床下からせり上がってくるような演出は基本的にカットの方向だ。

『ライオンキング』の場合、プライドロックといって、山が回転しながら、床下からグーッとせり上がってくる演出がある。ブロードウェイ版ではこれがひとつの見どころなのだが、ツアー版ではそれが舞台のソデから出てくるように変更されている。

劇団四季が福岡で『ライオンキング』を公演したとき、劇場の奈落があまり深くないことから、ツアー版の演出に切り替えている。

先に書いたように、いま『ライオンキング』は2班で動いているのだが、大井町はブロードウェイ版で、各地ではツアー版で上演されている。

いま日本で大当たりしている『リトルマーメイド』はヨーロッパ版を日本に導入したものである。

もちろん、演目にもよるが、アレンジ版を導入するのも重要な選択肢である。劇団四季は賢明な〝選択〟をしたと、いまだに語り継がれている。

『リトルマーメイド』が大井町の四季劇場で開幕（スタート）したのは2013年4月のこと。フルオートメ化されたフライング技術を駆使して、人魚が実際に泳いでいるように見える演出は観客を魅了し続け、ハッピーエンドのプリンセスものとして大ヒットを続けている。

どれほど『リトルマーメイド』が受けているかは、2020年3月まで大阪と北海道で2班体制でのロングランを続けていることでもわかる（他の演目で2班体制をとっているのは『ライオンキング』のみ）。

素晴らしかった『ハリー・ポッター』

『ハリー・ポッター』は2部制で、全部観ると5時間もかかり、しかもミュージカルではなくお芝居だと聞いていたので、正直、初めは躊躇した。

しかし、以前、赤坂劇場で一緒に『美女と野獣』に携わった仲間で、現在はニューヨークを中心に活躍している森田香菜子さんから、「歌も踊りもふんだんにある。舞台にかかわる人間なら、絶対に観るべき！」と強く勧められて観に行く決心をした。全編英語の芝居なので、行く前にネットでストーリーを予習した。ネタばれであるが、舞台用のオリジナルストーリーであるから、楽しむためには予習が必要だ。

結果は、香菜子さんの言葉どおり、「絶対に観るべき！」だった。5時間があっと

『ハリー・ポッターと呪いの子（Harry Potter and the Cursed Child）』を上演しているリリック劇場。作品は2部に分かれており、すべてを見るのに5時間以上かかる大作だ。

いう間だった。プロジェクション・マッピングと音響を効果的に使っていて、まるで魔法にかけられたようだった。特に、ハリーたちが瞬間的に空間移動するシーンの演出は素晴らしかった。まるで映画を観ているような場面転換が、舞台の上でスムーズに行われるのだ。

特殊効果も、道具も、装置も、照明も、特に革新的な新技術というわけではない。しかし、「あっ、こういう使い方があったのか」と、目からウロコの演出法がたくさんあり、とても勉強になった。

大人になったハリーが自分の息子たちと活躍するというストーリーで懐かしい登場人物も出てくる。『ハリポタ』ファンなら思わず涙してしまうだろう。すっかり魅了された私は、観劇後に売店で、思わずピンバッジなどのお土産を購入したほどだ。

特殊効果についていえば、技術的には私にでもできると思う。しかし、日本では演出のいくつかが消防法に引っかかって、絶対に上演できないだろう。観たいならブロードウェイに行くしかない。この状況がしばらく続くと思われる。それだけの価値がある舞台だ。

あらためてエンタテインメントの神様はブロードウェイに宿ると感慨を抱いた次第である。

あとがき

なぜビル・ゲイツを尊敬するのか？

経営者のはしくれとして、ときおり「尊敬する経営者は誰ですか？」と聞かれることがある。そんなとき私は間髪入れず、「マイクロソフト創業者のビル・ゲイツ氏です」と答えることにしている。

私はビル・ゲイツのサクセスストーリーに惹かれるのではなく、彼の掲げたビジョン「一家に一台のコンピュータを」に心を奪われた。

黎明期からコンピュータをいじってきた人たちからすると、ビル・ゲイツがもたらしたパソコン向けのオペレーティングシステム「ＭＳ-ＤＯＳ」および「Ｗｉｎｄｏｗｓ95」は社会環境を瞬く間に変えてしまった。コンピュータは画期的に簡単かつ身近なものになり、結果として世の中に一気に拡散していったわけである。

そこが私にもっとも響くところであり、彼に共感するところといえる。

それにあやかるわけではないけれど、私も生業とする特殊効果を世の中に広めたい、もっと身近なものにしたいという気持ちを強く抱いている。

私の見立てでは、これから日本人の生活はどんどんイベント型になっていくはずである。

その場で気軽に特殊効果の機材が借りられるのなら、借りてきて場を盛り上げたい。そのように考える人が増えてきて、特殊効果が日常に溶け込むような時代がやってくるならば、どんなに楽しいだろう。

本文にも書いたが、これから日本人はますますイベント型のコトを重視し、コトに重点投資するのではないか。モノを買って残すのではなく、自分の経験やメモリーづくりに投資するようになると思う。

日本の「モノからコトへ」の流れは小売業から始まった。いまから10年ほど前、知り合いのジャーナリストから「いま、一番ホットな母の日のプレゼントが何か知ってますか？」と聞かれた。まごつく私に、彼はこう言った。

「フィットネスクラブやサウナの10回使用券とか、夫婦観劇や音楽会のチケットとかなんです。結局ね、〝モノ〟じゃなくて〝コト〟のほうに潮流が変わってきている。贈り物のなかにもそれが反映されてきている」

それが徐々に広まり始め、いま本格化の真っ最中といったところか。

インバウンドで日本を訪れる外国人たちも、もはや爆買いは鳴りを潜め、彼らの関心は気に入った参加型イベントへと様変わりしている。

地震の揺れを体験できる消防施設が中国やタイからの旅行者に受けている。好きな着物を着て、日本の古都をそぞろ歩きする外国人も本当に増えている。

これは全世界的な流れになっており、イベント型社会が浸透すればするほど酸京クラウドの技術、あるいは設備が活躍する場面が増えてくるものと予測している。

企業が永続的に生き残るためには、社会の潮目の変化をいちはやく嗅ぎ取り、節目を迎えたことを自覚して、柔軟に考え方を変えていくこと以外ない。

ビル・ゲイツはコンピュータの世界を変革した。私も怯むことなく特殊効果業の変革に挑んでいきたい。

最後になりましたが、弊社の経営面でのコンサルタントをお願いしている青池俊彦先生、そして、出版に際してご尽力いただいたビジネス社の皆様に、心から感謝を申し上げます。

酸京クラウド　代表取締役　小峰聖

著者略歴

小峰聖（こみね・ひじり）

東京都生まれ。1994年に東海大学理学部数学科卒業、オムロン・ソフトウェア株式会社に入社。1997年にフリープログラマーとして独立。28歳の時、父の仕事を手伝って得た感動が忘れられず、酸京クラウドに入社。2003年より代表取締役。日本で唯一の「特殊効果コンシェルジュ®」として、演出の提案や、新たな特殊効果商材の開発などを手がけている。

公式ホームページ：http://sankyocloud.co.jp/
公式ブログ：http://komine.sankyocloud.com/
YouTube：https://www.youtube.com/user/sankyocloud/

エンタテインメントを支える特殊効果の世界 “感動”を伝える仕事

2020年2月15日　第1版発行

著　者　小峰 聖
発行人　唐津 隆
発行所　株式会社ビジネス社
〒162-0805　東京都新宿区矢来町114番地　神楽坂高橋ビル5階
電話　03(5227)1602（代表）
FAX　03(5227)1603
http://www.business-sha.co.jp

印刷・製本　株式会社光邦
カバーデザイン　谷元将泰
カバー写真撮影　後藤さくら
スタイリスト　Yumi（B-Stage）
撮影協力　菊地章泰・国田翔也（酸京クラウド）
本文デザイン・DTP　茂呂田剛（エムアンドケイ）
編集協力　加藤鉱
営業担当　山口健志
編集担当　山浦秀紀

ISBN978-4-8284-2162-9